Michael Weischede

Methodenfragen der Wirtschaftsgeschichtsschreibung

Werner Sombart und Douglass C. North

Herstellung und Verlag
BoD - Books on Demand, Norderstedt

ISBN
9783743173903

© 2017 Michael Weischede

Das Werk einschließlich aller seiner Teile
ist urheberrechtlich geschützt. Alle Rechte bleiben vorbehalten.

Bibliografische Information der Deutschen
Nationalbibliothek

Die Deutsche Nationalbibliothek verzeichnet diese Publikation in der Deutschen
Nationalbibliografie; detaillierte bibliografische Daten sind im Internet über
http://dnb.dnb.de abrufbar.

Inhaltsverzeichnis

Vorwort ... 11

Einleitung ... 13

Institutionalismus, Neue Institutionen Ökonomie und die Historische Schule der Nationalökonomie ... 15

Douglass C. North ... 17

    Eine kurze Einführung ... 17

    Kritik am neo-klassischen Modell ... 19

    Der bedingt rational handelnde Akteur ... 20

    Formlose und formgebundene Beschränkungen ... 21

    Der Property-Rights-Ansatz, die Prinzipal-Agent-Theorie und die Transaktionskostentheorie ... 23

    Eine Theorie des Staates ... 26

    Ideologie und Trittbrettfahrerverhalten ... 29

    Institutionen und Transaktions-/Transformationskosten ... 31

    Institutioneller Wandel ... 32

    Historische Betrachtungen ... 35
        Die „Erste Wirtschaftliche Revolution" ... 35
        Die „Zweite Wirtschaftliche Revolution" ... 38
        Der Untergang des Feudalismus – ein Fallbeispiel ... 40

Die Pfadabhängigkeit des institutionellen Wandels ... 42

Exkurse ... 45
    Rationale Akteure als kommunikative Fiktion ... 45
    Die Sozialvertragsfiktion der individuellen Entscheidungsfreiheit ... 47

Kritische Reaktionen in der Wissenschaft ... 49

Erstes Zwischenergebnis ... 55

Werner Sombart ... 57

Eine kurze Einführung ... 57

Der Aufbau von „Der moderne Kapitalismus" ... 60

Wirtschaft ... 61

Die Ordnung des Wirtschaftslebens ... 63

Kapitalismus ... 65

Die treibenden Kräfte des Wirtschaftslebens ... 68

Wirtschaft und Wissenschaft ... 70

Die Zukunft des Kapitalismus ... 72

Sombart und Marx ... 75

Theorie und historische Empirie ... 77

Die idealtypische Methode ... 79

Sombart in der Kritik ... 82
    Beurteilung durch seine Zeitgenossen ... 82
    Kritik in der heutigen Wissenschaft ... 84

Zweites Zwischenergebnis 87

Theorien im Vergleich: North vs. Sombart 89

    Handlungsmotive der Wirtschaftssubjekte 89
    Institutionen in der Wirtschaftsgeschichte 90
    Die Wirtschaft als Subsystem der Gesellschaft 91
    Beobachten als erkenntnistheoretisches Modell 93

Schlussbemerkung 97

Literaturverzeichnis 101

Vorwort

Bei dem vorliegenden Buch handelt es sich um die gekürzte und überarbeitete Fassung meiner Magisterarbeit „Sombart und North – Methodenfragen der Wirtschaftsgeschichtsschreibung zwischen neuer und alter Wirtschaftsgeschichte". Ihre Entstehung liegt nun fast zwanzig Jahre zurück und seitdem fristet sie ihr trauriges Dasein in der Schublade. Auch wenn es sich nur um eine Prüfungsarbeit handelt, empfinde ich das als einigermaßen bedauerlich, da mich ihre Fertigstellung viel Zeit und Mühe gekostet hat.

Darüber hinaus kann ich mir gut vorstellen, dass sich gerade heute, in wirtschaftlich turbulenten Zeiten, der eine oder andere wieder für dieses Thema interessiert. Ich denke dabei sowohl an (wirtschafts-)historisch affine Leser, die sich einen schnellen Überblick über die Theorien von Sombart und North verschaffen wollen, als auch an Studenten oder Doktoranden, die sich mit einem ähnlichen Thema beschäftigen. Letztere beachten bitte, dass Prüfungsarbeiten nicht grundsätzlich als zitierfähig gelten. Bitte also in erster Linie das Literaturverzeichnis und die Literaturhinweise in den Fußnoten als Grundlage für die eigenen Arbeiten verwenden.

Inwieweit die Theorien von Sombart und North aktuell noch einen Beitrag zu den Methodenfragen der Wirtschaftsgeschichtsschreibung leisten können, mag ich nicht zu beurteilen, da ich die Diskussionen hierzu in den letzten 20 Jahren nicht weiter verfolgt habe – unsere Wege hatten sich damals unwiderruflich getrennt.

Wie bei theoretischen und methodischen Arbeiten zu erwarten, kommen ihre Werke an manchen Stellen zumal etwas „sperrig" einher. Ich meine aber, dass Sombart und North etliche anregende Gedanken formuliert haben, die eine Auseinandersetzung mit ihren Texten in jedem Fall lohnend machen.

Dortmund im März 2017

Einleitung

Kurz vor der Jahrtausendwende haben die Herausgeber der Vierteljahrschrift für Sozial- und Wirtschaftsgeschichte eine umfassende Diskussion zum wissenschaftlichen Standort des Fachs Wirtschafts- und Sozialgeschichte angeregt. Fachvertreter der wirtschaftshistorischen Zunft äußerten hierbei ihre Befürchtungen, ob die Wirtschaftsgeschichte als institutionell verankertes Hochschulfach weiterhin Bestand haben wird. Zum einen sei es bedroht durch seine Entbehrlichkeit in den Augen der Ökonomen, zum anderen durch die Begehrlichkeit der Historiker nach knappen Stellen. Diese Bedrohung sei nicht durch die aktuelle Hochschulpolitik entstanden, sondern habe mit dem wissenschaftlichen Status des Faches zu tun – mit dem Nachweis einer eigenen Methode, welche unabhängig von den Nachbarwissenschaften eine eigene Definition ermögliche. Toni Pierenkemper kommt beispielsweise zu dem Schluss:

„Wer Wirtschafts- und Sozialgeschichte als bloße Geschichtswissenschaft oder historische Volkswirtschaftslehre betreiben will, macht das Fach überflüssig."[1]

Diese Diskussion über Theorie und Empirie in der Wirtschaftsgeschichtsschreibung ist nicht neu. Auch die Deutsche Schule der Nationalökonomie beschäftigte sich bereits seit Mitte des letzten Jahrhunderts mit diesen Problemen. Der Beitrag von Werner Sombart hierzu, er gehörte zu den späteren Vertretern dieser Schule, wird in dieser Arbeit dargelegt. Der andere hier vorgestellte Vertreter des Faches ist Douglass C. North, der 1993 mit dem Nobelpreis der Wirtschaftswissenschaften ausgezeichnet wurde. North gilt als Gründer der „New Economic History", deren Einfluss in den 90ziger-Jahren in der angelsächsischen Fachwelt beherrschend war.[2] Die vorliegende Arbeit will die Theorien dieser beiden Autoren im Hinblick auf die oben angesprochenen Probleme in den Methodenfragen der Wirtschaftsgeschichtswissenschaft untersuchen und vergleichen.

Nach einem kurzen Überblick über die institutionellen Ansätze in der Wirtschaftsgeschichte fasst diese Arbeit die wesentlichen Gesichtspunkte ihrer Werke, ihre Positionen zu bestimmten Problembereichen und die Kritiken ihrer Fachkollegen zusammen. Nach kurzen Zwischenergebnissen folgt ein Vergleich der beiden Arbeiten unter theoretischen Gesichtspunk-

---

[1]Pierenkemper 1995b, S. 399.
[2]Buchheim 1995, S. 390-391.

ten. In der Schlussbemerkung wird noch einmal ausführlicher auf die Probleme der Theoriebildung in der Wirtschaftsgeschichtswissenschaft eingegangen.

INSTITUTIONALISMUS, NEUE INSTITUTIONEN ÖKONOMIE UND DIE HISTORISCHE SCHULE DER NATIONALÖKONOMIE

Der amerikanische Institutionalismus wurde von der Jüngeren Deutschen Historischen Schule der Nationalökonomie beeinflusst und steht mit ihr in einem engen Zusammenhang.[3] In beiden Theorien bilden die Entstehung und der Wandel von Institutionen den Mittelpunkt der Analyse.[4] North und andere Vertreter der Neuen Institutionen Ökonomie greifen in ihren Theorien den Institutionalismus auf [5]und versuchen zudem, die institutionellen Sets einer Gesellschaft unter Einbeziehung der durch sie verursachten Zahlungsströme und den damit verbundenen Handlungsimpulsen bedingt rational handelnder Menschen zu analysieren. Die institutionelle Struktur mit den niedrigsten (Transaktions-)Kosten ist aus ihrer Sicht wirtschaftlich am effektivsten.[6]

Allerdings bleibt die Neue Institutionen Ökonomie auch weiterhin auf der axiomatischen Linie der neo-klassischen Theorie, das heißt, sie will insbesondere nicht auf die ihr innewohnenden rationalen Verhaltensannahmen verzichten.[7] Es geht ihr vielmehr um eine Erweiterung der neo-klassischen Theorie,[8] um so die Institutionen einer Gesellschaft und deren Anteil an der gesamten Wirtschaft erklären zu können.[9]

Die Beibehaltung der rationalen Handlungsmotivation der Individuen führte dazu, dass sich einige Vertreter des „alten" Institutionalismus durch

---

[3]Taubner 1948, S. 125; Feldmann 1995, S. 27; Meiners/Nardinelli 1988, S. 545; Coase 1984, S. 229-231; Veblen, der bekannteste Vertreter des amerikanischen Institutionalismus, hat zum Beispiel auch Sombart rezensiert. Veblen 1902/03, S. 300-305; dagegen: Reuter 1996, S. 67-68. Er begründet das mit den unterschiedlichen ethischen Ansprüchen der Theorien und bezieht sich dabei im Hinblick auf die Deutsche Schule der Nationalökonomie auf die Arbeiten von W. Roscher.
[4]Der größte Unterschied zwischen den Institutionalisten und Sombart besteht nach Michael Appel darin, dass Sombart die verstehende Methode, die Institutionalisten die naturwissenschaftliche Methode anwenden. Appel 1992, S. 194.
[5]Ohne dabei aber explizit auf die Deutsche Historische Schule Bezug zu nehmen. Plumpe 1997, S. 6.
[6]Plumpe 1997, S. 5.
[7]Williamson 1990, S. 324.
[8]Terberger 1994, S. 235-244.
[9]Coase 1984, S. 229-231.

die Vereinnahmung durch die Neue Institutionen Ökonomie missverstanden fühlten, da die Kritik an der grundlegenden Prämisse der Neoklassik für den Institutionalismus ja gerade konstitutiv gewesen ist.[10]

William. M. Dugger hat deshalb sechs Aussagen aufgestellt, welche seines Erachtens allen Spielarten des Institutionalismus gemeinsam sind:

- Institutionalisten betonen die Rolle der Macht in der Wirtschaft.
- Sie nähern sich dem Studium der Institutionen der eigenen Wirtschaft mit dem Skeptizismus von Reformern.
- Sie arbeiten mit der von Veblen aufgestellten Dichotomie von „serviceable and predatory activities".
- Institutionalisten vertreten einen evolutionären Ansatz.
- Sie stellen sich die Wirtschaft als sich entwickelndes Ganzes vor.
- Institutionalisten sind Instrumentalisten (allerdings mit einigen signifikanten Unterschieden).

Es sei aber erwiesen, dass die Neue Institutionen Ökonomie, zum Beispiel in der von Williamson vertretenen Richtung, in keinem dieser Punkte mit der Theorie des Institutionalismus übereinstimmt.[11]

Trotz des für beide Theorien entscheidenden institutionellen Ansatzes, muss deshalb meiner Ansicht nach genau zwischen den Theorien unterschieden werden. Zumal Norbert Reuter[12] zeigt, dass auch der „alte" Institutionalismus durchaus noch aktuell ist.

Bei dem Vergleich der Theorien von Sombart[13] und North sollte man also beachten, dass sich in dieser Einfachheit keine erkenntnistheoretische Entwicklungslinie von der Historischen Schule über den „alten" amerikanischen Institutionalismus zur Neuen Institutionen Ökonomie ziehen lässt. Daran ändern auch die Gemeinsamkeiten in Bezug auf die Hervorhebung der Bedeutung der Institutionen einer Gesellschaft nichts.[14]

---

[10]Reuter 1996, S. 32-33; Schmoller und Sombart lehnten die neo-klassischen Axiome ebenfalls ab. Betz 1993, S. 224.
[11]Dugger 1990, S. 424-428.
[12]Reuter 1996.
[13]Sombart wird in der Literatur zum Teil ebenfalls als Institutionalist bezeichnet. Priddat 1996, S. 293.
[14]Trotzdem sei es aber sinnvoll, die umfangreichen Ergebnisse der Sombartschen Untersuchungen, gerade auch im Hinblick auf die Neue Institutionen Ökonomie

DOUGLASS C. NORTH

Eine kurze Einführung

Im Oktober 1993 verlieh die königlich schwedische Akademie der Wissenschaften den Wirtschaftsnobelpreis an die beiden amerikanischen Wirtschaftshistoriker Robert William Fogel und Douglass Cecil North[15] für ihre Arbeiten in dem Bereich der Neuen Institutionen Ökonomie. Sie traten damit die Nachfolge einer Reihe anderer bekannter Wirtschaftsnobelpreisträger an. Zu nennen wären hier Milton Friedman, John Hicks, W. A. Lewis oder Theodore Schultz, welche sich nicht nur mit der Wirtschaftswissenschaft, sondern auch mit der Geschichte auseinandergesetzt haben.[16]

Robert W. Fogel gehört seit den sechziger Jahren zu den Vorreitern einer ökonometrischen Konzeption der Wirtschaftsgeschichte. Er möchte auf diese Weise die amerikanische Wirtschaftsgeschichte auf einer gefestigten quantitativen Basis rekonstruieren und zudem eine Wiedervereinigung von Wirtschaftstheorie und Wirtschaftsgeschichte in die Wege leiten. Seit den siebziger Jahren bemühte er sich dann zunehmend, auch die institutionellen Determinanten der Interaktion wirtschaftlicher, politischer und sozialer Faktoren zu erforschen. Letztlich ging es Fogel darum, auf der Basis wissenschaftlicher Methoden eine eigene Wirtschaftsgeschichte zu konstruieren.[17]

Douglass C. North ist der Hauptvertreter der sogenannten „New Economic History"[18] und ein Repräsentant der Neuen Institutionen Ökonomie,[19] deren analytische Stärke gerade durch ihn bewiesen werde.[20] Die

---

auszuwerten. Seine Ergebnisse könnten dann mit den Ergebnissen der Neuen Institutionen Ökonomie kontrolliert werden. Backhaus 1989b, S. 611.
[15] North, Jahrgang 1920, ist Emeritus der Washington University St. Louis, an der er seit 1983 lehrt.
[16] Goldin 1995, S. 191-192.
[17] Priddat 1993, S. 603-604.
[18] Ein Begriff, der von North selbst geprägt wurde. Goldin 1995, S. 193.
[19] Einen kurzen Überblick über die Arbeitsfelder der Neuen Institutionen Ökonomie geben Furubotn/Richter 1984, S. 1-6.
[20] Coase 1984, S. 229-231.

Verleihung des Nobelpreises an North,[21] darauf sei schon an dieser Stelle hingewiesen, bedeutet deshalb nicht eine Aufwertung des Faches Wirtschaftsgeschichte, sondern eben nur die Aufwertung der „New Economic History", welche im Zusammenhang mit der neo-klassischen ökonomischen Theorie steht und sich in der angelsächsischen Welt als herrschendes Paradigma weitgehend durchgesetzt hat.[22]

Als Plattform der Ideen der „New Economic History" dienen seit den sechziger Jahren das *Journal of Economic History* und die *Exploration in Economic History*; in den achtziger Jahren kam das *Journal of Institutional and Theoretical Economics* (vormals *Zeitschrift für die gesamte Staatswissenschaft*) hinzu. Außerdem entstand mit dem *Cliometric Meeting* eine regelmäßige jährliche Veranstaltung, die den Vertretern ihres Faches die Möglichkeit des Austausches bietet.[23]

Am Anfang seiner wissenschaftlichen Arbeit befasste sich North zunächst mit konkreten historischen Ereignissen, wie das zum Beispiel in seinen Arbeiten über *Growth and Welfare in the American Past*,[24] *The Growth of the American Economy to 1860*[25] oder *Sources of Productivity Change in Ocean Shipping 1600-1800*[26] deutlich wird.

Mit *Institutional Change and American Economic Growth* (zusammen mit L. E. Davis),[27] *The Rise of the Western World. A New Economic History* (zusammen mit R. P. Thomas),[28] besonders aber mit dem 1988 (zuerst englisch 1981) erschienenen Buch *Theorie des institutionellen Wandels*[29] versuchte North dann, eine allgemeine Wirtschaftsgeschichtstheorie aufzustellen.[30] Seit dieser Zeit betreibt North „auch weiterhin wirtschaftsgeschichtliche Untersuchungen, jedoch auf der Grundlage einer ökonomischen Theorie der Geschichte, die in seinem Verständnis nur als eine Theorie des beobachtbaren institutio-

---

[21]Sein bei der Verleihung gehaltener Vortrag ist in Band 84/3 der American Economic Review unter dem Titel „Economic Performance Through Time" abgedruckt. North 1994a, S. 359-368.
[22]Buchheim 1995, S. 390-391.
[23]Goldin 1995, S. 193.
[24]North 1966.
[25]North 1968a.
[26]North 1968b.
[27]North/Davis 1971b.
[28]North/Thomas 1973.
[29]North 1988.
[30]Parker 1993, S. 267.

nellen Wandels konzipiert werden könne." Wirtschaftsgeschichte wird dabei zum Teil nur noch illustrativ verwendet.[31]

Kritik am neo-klassischen Modell

„Vom Standpunkt des Wirtschaftshistorikers scheint [die] neoklassische Formulierung allen interessanten Fragen auszuweichen. Sie hat es mit einer reibungslosen Welt zu tun, in der es keine Institutionen gibt und in der jede Veränderung auf einem vollkommen funktionierenden Markt vor sich geht. Kurz gesagt, es gibt keine Informationskosten, keine Unsicherheit und keine Transaktionskosten. Gerade durch diese Einschränkungen aber deckt das neoklassische Modell die zugrundeliegenden Annahmen auf, die wir untersuchen müssen, wenn wir eine brauchbare Theorie von Struktur und Wandel aufstellen wollen." [32]

Im Zuge der Neuen Institutionen Ökonomie versucht North die neoklassische Theorie zu erweitern. Dabei stehen für ihn insbesondere die folgenden fünf Punkte in der Kritik:

- Das neo-klassische Modell unterstellt, dass Anreizstrukturen zugrunde liegen, welche es allen wirtschaftenden Subjekten erlauben, die sozialen Erträge einer Investition in jedem Punkt einzustreichen.

- Da es davon ausgeht, dass eine Vergrößerung des Bestandes an Naturschätzen zu konstanten Kosten möglich ist, kann das neoklassische Modell voraussetzen, dass Aneignung und Anwendung neuen Wissens nicht mit abnehmenden Erträgen verbunden sind.

- Eine positive Verzinsung von Ersparnissen ist unhinterfragte Voraussetzung der Theorie.

- Ebenso wird der Ausgleich der sozialen und privaten Kosten von Kindern vorausgesetzt.

---

[31]Priddat 1993, S. 604. Daneben greift North aber auch aktuelle politische Themen auf und versucht, sie mit seinem theoretischen Instrumentarium zu analysieren. North/Miller 1971a.
[32]North 1988, S. 5; dazu auch: Schack 1967, S. 353.

- Es ist immer eine Übereinstimmung zwischen der Entscheidung eines Wirtschafters und des von ihm gewünschten Ergebnisses gegeben.

Diese Annahmen sind seiner Meinung nach nicht zutreffend. Wolle man die neo-klassische Theorie nicht völlig verwerfen, müsse eine Theorie der Institutionen deshalb zusätzlich eine Theorie der Eigentumsrechte, eine Theorie des Staates und eine Theorie der Ideologie umfassen.[33]

Der bedingt rational handelnde Akteur

Wie bereits in einem vorherigen Kapitel angesprochen, richtet North seine Kritik unter anderem auf das neo-klassische Modell der rationalen Wahlhandlung. In der neo-klassischen Theorie sind alle relevanten Informationen für jeden wirtschaftlich handelnden Akteur jederzeit erreichbar. Das bildet die Basis für effizientes[34] Handeln. Anfänglich fehlerhaftes, also nicht-effizientes Verhalten werde durch Informationsrückkopplung korrigiert und fortdauerndes fehlerhaftes Verhalten bestraft. Die übrigbleibenden Akteure, alle mit den notwendigen kognitiven Fähigkeiten ausgestattet, würden zu den richtigen Modellen geleitet.

North ist dagegen der Meinung, dass die Informationsdichte, welche allen Akteuren als Ausgangsbasis zur Verfügung steht, jeweils unterschiedlich ist. Die Informationsrückkopplung genüge nicht, um dieses Ungleichgewicht aufzuheben.[35] Entgegen der neo-klassischen Modellannahmen hätten Menschen individuelle Modelle der Wirklichkeit und unterschiedliche rechnerische Fähigkeiten, um die erlangten Informationen zu verarbeiten. In bestimmten Situationen könne ein wirtschaftlich handelnder Akteur deshalb selbst dann nicht effizient handeln, wenn er es wollte.[36] Zudem bemängelt North, dass die von der neo-klassischen Theorie verwendete

---

[33]North 1988, S. 5-8.
[34]North definiert Effizienz folgendermaßen: „Die Ausdrücke „effizient" und „ineffizient" [...] dienen zum Vergleich der Auswirkungen zweier Gruppen von Nebenbedingungen: In einem Fall wird maximierendes Verhalten der Teilnehmer Ausstoßsteigerungen bewirken, im anderen nicht." North 1988, S. 7 Fußnote 2.
[35]North 1992, S. 19-21.
[36]North 1992, S. 9; ders. 1988, S. 30.

Annahme der stabilen menschlichen Präferenzen empirisch nicht nachweisbar ist.[37]

Trotzdem möchte North das neo-klassische Modell nicht komplett verwerfen. In spezifischen Situationen, wo die oben angesprochenen Bedingungen im hohen Maße erfüllt sind, ließe sich die Theorie der rationalen Wahlhandlung sehr wohl erfolgreich anwenden.[38] Zudem vertritt North die Ansicht, dass Individuen ihren Nutzen grundsätzlich maximieren wollen, wenn sie nicht durch externe Beschränkungen daran gehindert werden.[39] Der wahlhandlungstheoretische Ansatz der neo-klassischen Theorie sei zu seinem Ansatz also komplementär.[40] Es müsse nur zusätzlich eine Theorie der Institutionen verfolgt werden, da der institutionelle Rahmen einer Gesellschaft die individuellen Wahlmöglichkeiten des Einzelnen beschränke.[41]

Indem er die möglichen menschlichen Verhaltensweisen auf eine „anthropologische Konstante" des beschränkt nutzenmaximierenden Individuums einengt, nimmt sich North einen Teil seiner erkenntnistheoretischen Möglichkeiten und muss sich folgerichtig derselben Kritik aussetzen wie bereits zuvor die Vertreter der neo-klassischen Theorie.[42]

Formlose und formgebundene Beschränkungen

Für North bilden Institutionen die Spielregeln einer Gesellschaft, welche Anreize zum politischen, wirtschaftlichen oder gesellschaftlichen Wandel schaffen. Der Wahlbereich des Einzelnen sei durch sie definiert und legitimiert. Ihr Hauptzweck bestehe darin, „durch die Schaffung einer stabilen Ordnung die Unsicherheit menschlicher Interaktion zu vermindern".[43]

---

[37] North 1992, S. 29.
[38] North 1992, S. 24.
[39] North 1988, S. 208.
[40] North 1992, S. 6.
[41] North 1988, S. 207.
[42] Kocka 1976, S. 126-129; Rostow 1982, S. 301; Teichova 1976, S. 133-134; Wischermann 1993, S. 255; Ambrosius 1996, S. 348-351; Polanyi 1964, S. 134; Türk 1987. S. 32.
[43] North 1992, S. 6.

North versteht Institutionen im weitesten Sinne und unterscheidet sie in formlose und formgebundene institutionelle Beschränkungen[44]. Formlose Beschränkungen wie Verhaltenskodizes, Sitten, Gebräuche und Konventionen seien neben den formgebundenen Regeln für unser Verhalten bestimmend. Trotz gleicher formgebundener Regeln könne man sehr oft unterschiedliches Verhalten beobachten, und auch nach starken Veränderungen der formgebundenen Regeln wie zum Beispiel einer Revolution würden viele Teilerscheinungen einer Gesellschaft unverändert bleiben. Der Informationsfilter Kultur sorge dabei für die Überführung der ungebundenen Regeln von der Vergangenheit in die Gegenwart.[45] Eingerichtet, um menschliche Interaktionen miteinander zu koordinieren, handele es sich bei formlosen Beschränkungen um:

- Erweiterungen, Ausarbeitungen und Einschränkungen formgebundener Regeln,
- gesellschaftlich sanktionierte Verhaltensnormen,
- intern bindende Verhaltenskodizes, also Ideen, Ideologien oder Überzeugungen, die um so stärker ins Gewicht fallen, je niedriger ihr Preis bei der Durchsetzung ist.[46]

Im Hinblick auf eine aufgrund von Spezialisierung und Arbeitsteilung zunehmend komplexer werdende Welt, sei nun eine Bewegung in Richtung von formlosen zu formgebundenen Regeln zu beobachten. Unter formgebundenen Regeln versteht North Gesetze, Verfassungen, aber auch individuelle Verträge, die sich auf Einzelfälle beschränken. Ihre Funktion bestehe darin, den Tausch, politischer wie wirtschaftlicher Art, zu erleichtern, wobei die Etablierung wirtschaftlicher beziehungsweise politischer Regeln sich gegenseitig beeinflusse.[47] Allein an Hand der formgebundenen Regeln könne man allerdings nicht zwangsläufig auf wirtschaftliche Effizienz und Leistung schließen.[48]

Wesentlich sei zudem die Unterscheidung zwischen Institutionen und Organisationen (öffentliche Körperschaften, Rechtspersonen des Wirtschaftslebens oder Anstalten des Bildungswesens), weil letztere durch ihre

---

[44]North 1992, S. 3-4.
[45]North 1992, S. 43-44.
[46]North 1992, S. 47-49.
[47]North 1992, S. 55-58.
[48]North 1992, S. 64.

Zielsetzungen und Wechselwirkungen mit den Institutionen den institutionellen Wandel im erheblichen Maße beeinflussen würden.[49]

Im Gegensatz zu den amerikanischen Institutionalisten und der Jüngeren Historischen Schule, die den Institutionen ebenfalls eine große Bedeutung beimessen, greifen North und die Neue Institutionen Ökonomie allerdings weiterhin auf die neo-klassische Theorie zurück.[50]

Der Property-Rights-Ansatz, die Prinzipal-Agent-Theorie und die Transaktionskostentheorie

Der Property-Rights-Ansatz, die Agency-Theorie und die Transaktionskostenökonomie gehören zu den Grundgedanken der modernen Institutionenökonomik und finden dementsprechend auch bei North ihre Verwendung.

„Der Property-Rights-Ansatz geht von der Erkenntnis aus, dass für das Eigentum an einem Gut nicht allein der Besitz und die physischen Eigenschaften des Gutes relevant sind, sondern vor allem die an diesem Gut bestehenden Eigentumsrechte."[51] Horst Feldmann unterscheidet hierbei vier Arten von Eigentumsrechten:

- Das Nutzungsrecht eines Gutes.
- Die Einbehaltung der Erträge eines Gutes.
- Das Recht, die Form und Substanz eines Gutes zu ändern.
- Das Recht, anderen das Gut oder ein Teil des Gutes zu überlassen.

Der Property-Rights-Ansatz, so wie ihn North versteht, untersucht auf der einen Seite die unterschiedlichen Ausgestaltungen, Zuordnungen und Beschränkungen von Eigentumsrechten und deren Einfluss auf das wirtschaftliche Verhalten von Personen, auf der anderen Seite aber auch die Faktoren, welche zur Änderung von Eigentumsrechten und deren ökonomischen Bedeutung führen.

---

[49] North 1992, S. 5.
[50] Coase 1984, S. 229-231.
[51] Feldmann 1995, S. 46.

Ein zentraler Punkt der Theorie besagt, dass eine bestimmte Ausgestaltung und Verteilung von Verfügungsrechten für Individuen eine bestimmte Anreizstruktur darstellt und so zu bestimmten wirtschaftlichen Verhaltensweisen veranlasst.[52]

Dabei trifft die Prinzipal-Agent-Theorie eine Unterscheidung zwischen Prinzipalen und Agenten: Prinzipale engagieren Agenten, welche für sie arbeiten. Die Beziehung zwischen diesen beiden kann sowohl freiwillig als auch unfreiwillig sein. Aber auch in der unfreiwilligen Beziehung sind die Entscheidungsbefugnisse des Agenten mit gewissen Toleranzgrenzen ausgestattet, da der Prinzipal das Verhalten des Agenten nicht immer umfassend regeln kann. Für North ist hierbei von Bedeutung, dass zwischen diesen beiden immer eine vertragliche Beziehung zugrunde liegt, die Spezifizierung der Tauschbedingungen zwischen beiden also immer eine vertragliche ist. Das gelte auch für den Fall, dass sich für einen von ihnen dadurch eine wesentlich ungünstigere Situation ergibt.[53]

Folgende Merkmale seien demnach für die Agency-Beziehungen kennzeichnend:

- Agenten und Prinzipale verfolgen unterschiedliche Ziele; beide wollen ihren eigenen Nutzen maximieren.

- Agenten (risikoavers) und Prinzipalen (risikoneutral) werden unterschiedliche Risikoneigungen und damit auch unterschiedliche Handlungsoptionen unterstellt.

- Es herrscht eine asymmetrische Informationsverteilung, das bedeutet, der Prinzipal kann die Handlungen des Agenten nicht kostenlos beobachten.

- Da ein Ergebnis auch von Zufällen oder zum Beispiel von anderen Marktteilnehmern beeinflusst sein kann, ist es für den Prinzipal nicht möglich, von einem vorliegenden Ergebnis unmittelbar auf die Handlungen des Agenten zurückzuschließen.

Zwei Problemkomplexe wären hierbei zu unterscheiden: Der Prinzipal könne die Handlungen des Agenten nicht kostenlos beobachten und damit seine Leistungen auch nicht unmittelbar aus den Handlungsergebnissen ableiten. Und selbst wenn der Prinzipal den Agenten kostenlos beobachten könnte, bestünde die Möglichkeit, dass dieser über zusätzliche handlungs-

---

[52]North 1988, S. 36-38; Feldmann 1995, S. 46-48.
[53]North 1988, S. 208.

relevante Informationen verfügt, welche dem Prinzipalen nicht, beziehungsweise nicht kostenlos zur Verfügung stehen.[54]

„Die Tatsache, dass Information etwas kostet, ist der entscheidende Aspekt an den Transaktionskosten, die sich aus den Kosten der Messung der wertvollen Attribute der getauschten Gegenstände und den Kosten des Rechtsschutzes und der Überwachung und Durchsetzung von Vereinbarungen zusammensetzen. Diese Messungs- und Erfüllungskosten sind der Grund für soziale, politische und ökonomische Institutionen."[55]

Dieses Zitat von North macht deutlich, dass die Transaktionskostentheorie in der modernen Institutionenökonomie als eine der wesentlichen Weiterentwicklungen der ökonomischen Theorie angesehen wird.[56] Im Gegensatz zur traditionellen Ökonomie im Geiste von Adam Smith mache sie deutlich, dass im Zuge der Vergrößerung der Märkte durch Spezialisierung und Arbeitsteilung nicht nur Tauschvorteile entstanden, sondern gleichzeitig auch die Transaktionskosten gestiegen seien. Berücksichtige man dies bei der Beurteilung der Leistung einer Wirtschaft, so müsse im Hinblick auf die klassische Sichtweise die Beurteilung der Leistung neu ausfallen.

North und Wallis gehen davon aus, dass am Ende des 19. Jahrhunderts etwa 25 Prozent des Volkseinkommens auf Transaktionskosten verwendet wurden, am Ende des 20. Jahrhunderts dagegen schon 45 Prozent. Deshalb sei es bei der Errechnung der Gesamtkosten der Produktion notwendig, neben den Aufwendungen für Boden, Kapital und Arbeit, welche für die Transformation der physischen Eigenschaften eines Gutes benötigt werden, auch deren Transaktionskosten zu berücksichtigen.[57] Für North ist dabei wesentlich, dass es die Institutionen einer Gesellschaft sind, welche den Rahmen für diese Transaktionskosten bilden. Dementsprechend sei es dann im Laufe der Geschichte zu veränderten Transaktionskosten gekommen, und auch heute würde man deshalb in den verschiedenen Gesellschaften höchst unterschiedliche Transaktionskosten finden.

Aus der Vielfalt der möglichen Tauschmuster bestimmt North drei allgemeine Typen:

---

[54] Feldmann 1995, S. 48-49; North 1988, S. 210-213.
[55] North 1992, S. 32.
[56] Feldmann 1995, S. 81.
[57] North 1992, S. 32-33; ders. 1984. S. 7

- Für den größten Teil der Wirtschaftsgeschichte ist der persönliche Tausch im Rahmen einer geringfügigen Produktion und einem lokalen Handel charakteristisch. Die Transformationskosten sind in diesem Fall hoch, die Transaktionskosten niedrig und die Zahl der Tauschpartner eher klein.

- Aufgrund der Erhöhung der Zahl der Tauschakte, und der damit einhergehenden erhöhten Komplexität in den zu treffenden Vereinbarungen, hat sich als zweites allgemeine Tauschmuster der unpersönliche Tausch herausgebildet, bei dem die Vertragspartner zum Beispiel durch Verwandtschaftsbande oder durch Geschäftssitten gebunden sind. Dadurch kam es zu einer Vergrößerung des Marktes, und die Nutzung komplexerer Produktions- oder Tauschabläufe wurde möglich. Als Beispiel nennt North hier die Handelsmessen des mittelalterlichen Europas.

- Als dritten und letzten allgemeinen Typ des Tausches beschreibt North den unpersönlichen Tausch mit der Möglichkeit der Erzwingung durch einen Dritten. Diese Form bildet das Fundament erfolgreicher moderner Gesellschaften, auch wenn die Erzwingung durch Dritte nie ideal oder vollkommen ist, da die Tauschpartner auch weiterhin große Mittel darauf verwenden, Tauschbeziehungen zu personalisieren. [58]

Eine Theorie des Staates

Für North stellt die Frage nach der Erklärung der durch den Staat festgelegten Eigentumsrechte eines der Hauptprobleme der Wirtschaftshistoriker dar. North definiert den Staat als eine Organisation, welche mit einem komparativen Vorteil der Gewaltanwendung ausgestattet ist und sich über ein bestimmtes Gebiet erstreckt, dessen Grenzen durch ihre Steuerhoheit bestimmt sind. Der Schlüssel zum Verständnis des Staates liege in seiner Möglichkeit, durch Gewaltanwendung die Verfügung über materielle Mittel zu erlangen.[59]

North entwirft in seiner Theorie ein einfaches Staatsmodell, um zwei wesentliche Punkte klären zu können: die Tendenz von Staaten, ineffizien-

---

[58]North 1992, S. 40-42.
[59]North 1988, S. 21.

te Eigentumsrechte zu schaffen und die allen Staaten innewohnende Instabilität, welche schließlich zu wirtschaftlichem Niedergang führt.

Dieses Modell geht von einem wohlfahrts- und nutzenmaximierenden Herrscher aus und weist folgende Merkmale auf:

- Der Staat erbringt zum Zwecke des Erwerbs Dienstleistungen, wie zum Beispiel den Schutz seiner Bürger oder die Durchsetzung von Rechtssicherheit. Die damit einhergehenden Skalenerträge führen zu einer Erhöhung des Gesamteinkommens der Gesellschaft.
- Der Staat versucht, sein Gesamteinkommen zu maximieren, und setzt deshalb für einzelne Gruppen von Staatsangehörigen unterschiedliche Eigentumsrechte fest.
- Der Staat wird schließlich insofern in seiner Macht beschränkt, als dass seine Angehörigen immer die Möglichkeit haben, dessen Dienstleistungen durch einen Rivalen, andere Herrscher oder eine andere Einzelperson im Staat erbringen zu lassen.

Die Schaffung eines Staates sei letztlich Vorbedingung jeglicher wirtschaftlicher Entwicklung gewesen, gleichgültig wie ausbeuterisch er auch gewesen sein mag, da den Menschen auch ein noch so schlechtes System von Regeln immer attraktiver erscheine, als ohne Regeln, also ohne Staat zu leben.[60]

Die Ursache der Unmöglichkeit eines anhaltenden wirtschaftlichen Wachstums liege nun darin begründet, dass grundsätzlich eine Dichotomie zwischen der Maximierung des gesamtgesellschaftlichen Ausstoßes und der Maximierung der Herrschereinnahmen bestehe.

„Praktisch steht die Eigentumsrechtstruktur, welche die Renten für den Herrscher (oder die herrschende Klasse) maximiert, in einem Gegensatz zu derjenigen, die Wirtschaftswachstum bewirken würde." [61]

Eine solche Interpretation führt dann aus Sicht von North zu weiteren wesentlichen Implikationen:

- Die Schaffung einer Infrastruktur, die ein System von Eigentumsrechten etablieren will, verlangt danach, dass der Herrscher Macht an Agenten delegiert, denen er Regeln vorgibt, die seinen Zielen

---

[60] North 1988, S. 23-24.
[61] North 1988, S. 27-28.

entsprechen. Diese haben aber nun andere Ziele als der Herrscher, weshalb sich letztlich eine Verminderung der Monopolrenten des Herrschers bemerkbar machen wird.[62]

- Der Herrscher erstellt ein System von Eigentumsrechten, die seine Monopolrenten in jedem Teil der zu erfassenden Wirtschaft durch Messung der Einsätze und Ausstöße maximieren soll. Da die Messungen Kosten verursachen, gehört es schon immer zum Interesse des Staates, diese durch Standardisierung zu senken.
- Der Herrscher hat, wie jeder Monopolist, immer potenzielle Konkurrenten. Je einfacher es für den einzelnen Staatsangehörigen ist, sich an einen Konkurrenten des Herrschers zu wenden, desto niedriger wird seine auferlegte Steuerlast und desto größer die Leistung sein, welche er vom Herrscher erhält.
- Effiziente Eigentumsrechte bewirken ein höheres Einkommen im Staat. Da ein Herrscher jedoch aufgrund der Transaktionskosten oft nur ein niedrigeres Einkommen erzielt, hat er es oft nützlicher gefunden, Monopole zu verleihen, anstatt Eigentumsrechte festzusetzen, die zu stärkerem Wettbewerb führen.[63]
- Aufgrund von Veränderungen der Informationskosten, der Technologie und der Bevölkerung sind Staaten wesensmäßig instabil.[64]
- Das Trittbrettfahrerverhalten führt zur Stabilität von Staaten. Die Kosten für den einzelnen, eine Veränderung zu erwirken, sind zu groß und unterbleiben deshalb.
- Institutionelle Neuerungen gehen eher vom Herrscher aus, da er kein Trittbrettfahrerproblem kennt. Er wird weiterhin institutionelle Neuerungen einführen, um sich an Änderungen der relativen Preise anzupassen.
- Eine Revolution entsteht zumeist auf Initiative eines Agenten des Herrschers, eines konkurrierenden Herrschers oder einer kleinen Elitegruppe (im leninistischen Sinne).
- Wo der Herrscher Agent einer Gruppe ist, werden Regeln existieren, die seine Nachfolge regeln.[65]

---

[62]North 1988, S. 25.
[63]North 1988, S. 27-28.
[64]North 1988, S. 30.

Aufgrund ihrer Verengung auf rein wirtschaftliche Gesichtspunkte gerät die Theorie des Staates bei North[66] meiner Meinung nach zu eindimensional. Seine Konzeption des Staates wird letztlich nur im Sinne des neoliberalen Programms verständlich.[67] Es bleibt fraglich, ob die Hereinnahme anderer Funktionsbereiche eines Staates und der damit zusammenhängenden verteilungspolitischen Fragen in ein Modell der Neuen Institutionen Ökonomie ohne weiteres möglich ist.[68] Mehr noch als an anderen Stellen der Northschen Untersuchungen macht sich hier das Fehlen der Problembereiche Macht, soziale Ungleichheit, Zwang, Unterdrückung oder Gewalt bemerkbar.[69]

Ideologie und Trittbrettfahrerverhalten

North nimmt an, dass es Verhaltensbeschränkungen gibt, die zum grundsätzlichen Funktionieren einer Gesellschaft notwendig sind. Diese würden dem Einzelnen aber Kosten auferlegen, die der homo oeconomicus des neo-klassischen Modells nur dann tragen werde, wenn es seinem Kosten-Nutzen-Kalkül entspricht. Um das Funktionieren einer Gesellschaft zu gewährleisten, seien deshalb Regelüberwachungssysteme mit dermaßen hohen Kosten notwendig, dass das System sie nicht tragen könnte. Tatsächlich würden diese jedoch oft gar nicht benötigt, da sich die meisten Menschen auch ohne Kontrolle an die von der Gesellschaft auferlegten Verhaltensbeschränkungen hielten.

Das gelte auch für das Problem des Trittbrettfahrerverhaltens,[70] das die Neoklassik nur zum Teil lösen könne. Die Begründung nämlich, warum Menschen *keine* Trittbrettfahrer werden, würde sie nicht liefern. Ohne moralische beziehungsweise ethische Normen sei die Funktionsfähigkeit der Wirtschaft einer Gesellschaft letztlich nicht erklärbar. Außerdem könne man ohne eine Theorie der Ideologie weder das Trittbrettfahrerproblem deuten, noch die enormen Ausgaben, welche jede Gesellschaft zu ihrer

---

[65] North 1988, S. 32-33. Auch in späteren Veröffentlichungen findet eine Weiterführung der Theorie des Staates nur in Hinweisen statt. Wischermann 1993, S. 244.
[66] Die als *Teil* einer Theorie des Staates – durchaus auch in der Interpretation von North – natürlich von Bedeutung ist. M.W.
[67] Wischermann 1993, S. 252.
[68] Tilly 1996, S. 21-22.
[69] Ambrosius 1996, S. 351.
[70] North nimmt hier Bezug auf Olson 1968.

eigenen Legitimation aufwendet,[71] noch ein Verhaltensmuster, dem ein Kosten-Nutzen-Kalkül zugrunde liegt, „welches auf der Nutzenseite nichts weiter als moralische Entrüstung aufweist".[72]

Zur Lösung dieser Probleme will North mit einigen Hypothesen beitragen, eine Lösung könne er aber nicht anbieten.[73] Drei Aspekte hebt er an dieser Stelle hervor:

- Mit Hilfe der Ideologie werden Entscheidungsprozesse vereinfacht.

- Moralische und ethische Urteile über die Gerechtigkeit der Welt sind eng mit der Ideologie verknüpft.

- Ist eine Erfahrung mit der persönlichen Ideologie nicht vereinbar, verändert sich der ideologische Standpunkt.[74]

Der in Punkt drei angeführte „Wechsel des ideologischen Standpunkts" könne durch folgende Veränderungen der relativen Preise ausgelöst werden:

- Die Benutzung von bisher der Allgemeinheit zur Verfügung stehenden Mitteln wird Einzelpersonen verwehrt.

- Eine von den einzelnen Individuen als subjektiv gerecht empfundene Tauschrelation wird verändert.

- Eine relative Einkommensverschlechterung bestimmter Gruppen von Arbeitskräften findet statt.

- Die Informationskosten werden gesenkt.[75]

North meint, dass die ökonomische Theorie im Hinblick auf die Wirtschaftstheorie und die Wirtschaftsgeschichte „in ihrer Wissenschaftlichkeit in dem Sinne, dass sie Verfahren zur Prüfung der Widerlegbarkeit konkurrierender Hypothesen entwickeln kann", nichts eingebüßt hat. Eine Theorie der Ideologie sei aber notwendig, um das Trittbrettfahrerproblem und das Problem der nicht-marktmäßigen Allokation wirtschaftlicher Mittel zu erklären.[76]

---

[71] North 1988, S. 46-49.
[72] North 1988, S. 56.
[73] North 1988, S. 46-49.
[74] North 1988, S. 50.
[75] North 1988, S. 51-52.
[76] North 1988, S. 57; North 1994b, S. 27

„Es ist einfach so, dass eine dynamische Theorie institutionellen Wandels, die sich in streng neoklassischer Manier ausschließlich auf individuelle rationale, zweckgerichtete Tätigkeit beschränkt, uns nie erlauben würde, den größten Teil säkularen Wandels zu erklären."[77]

Die Ausführungen zur Ideologie hinterlassen meines Erachtens eine gewisse Ratlosigkeit. Die Antwort bietet letztlich nicht viel mehr als die Frage. North erkennt zwar, dass es Verhaltensweisen gibt, welche durch die neo-klassische Theorie nicht abgedeckt werden – und er beschreibt sie auch –, aber erklären kann er sie ebenfalls nicht. Die Ursache dafür liegt darin, dass North die neo-klassischen Verhaltensannahmen zwar modifizieren will, grundsätzlich aber mit ihnen übereinstimmt. Deshalb muss North, überspitzt formuliert, unter der Annahme, dass sich Individuen nutzenmaximierend verhalten, erklären, warum sich Menschen in bestimmten Situationen *nicht* nutzenmaximierend verhalten.

Letztlich reicht es nicht aus, die neo-klassische Theorie um Verhaltensbeschränkungen durch ideologische Motive zu ergänzen,[78] sondern die gesamten Verhaltensannahmen des homo oeconomicus müssen auf den ideologischen Prüfstand gehoben werden.[79]

Institutionen und Transaktions-/Transformationskosten

Nach North entstehen bei der Abgrenzung und beim Schutz der Eigentumsrechte und bei der Sicherung der Einhaltung von Vereinbarungen Transaktionskosten, deren Höhe durch Institutionen sowie der eingesetzten Technik bestimmt werden. Ebenso werde die Höhe der Transformationskosten festgelegt, also jener Kosten, welche entstehen, wenn der Einsatz von Boden, Arbeit und Kapital in den Ausstoß von Sach- und Dienstleistungen verwandelt wird.[80] Daraus entstünden folgende wesentliche Folgerungen:

- „Die institutionellen Beschränkungen, welche die Möglichkeitsmenge des Einzelnen abgrenzen, sind ein Komplex aus formge-

---

[77] North 1988, S. 60.
[78] North 1988, S. 208-209.
[79] Wischermann 1993, S. 255.
[80] North 1992, S. 74.

bundenen und formlosen Beschränkungen. Sie bilden ein zusammenhängendes Netz, das in verschiedenen Kombinationen die Entscheidungsmöglichkeiten in verschiedenen Zusammenhängen gestaltet." Demnach sind Institutionen typischerweise stabil. Nur wenn Gruppen mit ausreichender Verhandlungsmacht an einer Veränderung interessiert sind oder wenn sich im Laufe der Zeit schrittweise Veränderungen in den Randzonen ergeben, kann sich der Institutionenrahmen allmählich verändern.

- Hat ein System formloser und formgebundener Regeln hohe Messungs- und Durchsetzungskosten, werden sich Tauschpartner eher auf formlose Beschränkungen berufen. Dabei darf man nicht vergessen, dass in dieser Hinsicht schnell Grenzen auftreten. Nämlich dann, wenn die Erfüllungssicherheit durch Dritte nicht gegeben ist. Vertikale Integration löst diese Probleme nur bedingt, da zwar in Organisationen andere Messungskosten entstehen als auf dem Markt, diese aber nicht unbedingt niedriger sein müssen.

- „Transaktionskosten sind die am leichtesten zu beobachtende Dimension des Institutionenrahmens, der die Beschränkungen von Tauschverträgen absteckt." Allerdings bleibt es auch weiterhin ein Problem, die Ermittlung der gesamten Transaktionskosten auf eine bestimmte Institution abzuleiten.

- Als wichtigsten Aspekt in diesem Zusammenhang sieht North den Umstand, dass seine Ausführungen die wesentliche Bedeutung der Institutionen für die Leistung einer Wirtschaft herausstellen. Ein Vergleich zwischen der Gesamtheit der Institutionen in Ländern wie Deutschland, Japan, England oder den USA mit denen der dritten Welt mache klar, „dass dieser institutionelle Rahmen ausschlaggebend ist für den relativen Erfolg von Wirtschaften – gleichgültig, ob man eine Querschnittsbetrachtung vornimmt oder die Entwicklung über die Zeit ansieht." [81]

Institutioneller Wandel

In seinen früheren Arbeiten ging North davon aus, dass eine Veränderung der relativen Preise Anreize gegeben haben, effizientere Institutionen

---

[81]North 1992, S. 82-84.

einzurichten und durchzusetzen.[82] Institutioneller Wandel sei aber nur dann zu erwarten gewesen, wenn Einzelne oder Gruppen die Kosten eines Wechsels auf sich nahmen, um die mit dem Wandel einhergehenden erwarteten hohen Profite einzustreichen.[83] Eine erfolgreiche Innovation neuer Institutionen steigere in diesem Fall das Gesamteinkommen und es sei auf diese Weise prinzipiell möglich, dass jeder dabei gewinne.[84]

Später erweiterte North diese These.[85] Zwar sei zu erwarten, dass sich unter der immer erfüllten Bedingung der Knappheit und damit des Wettbewerbs die effizientesten Eigentumsrechte unter sonst gleichen Umständen durchsetzen, dabei müsse man aber beachten, dass der- oder diejenigen, welche den Staat beherrschen, die effizientesten Institutionen nur dann unterstützen würden, wenn sich auch ihr eigenes Einkommen dabei maximiert.[86] Um seinen Gewinn zu maximieren, setze der Herrscher nämlich ein Set von Regeln, Gesetzen, Eigentumsrechten usw. ein, welche zu einer effizienteren Wirtschaft und einem erhöhten Gesamtausstoß der Gesellschaft führe. Dass trotzdem ineffiziente Eigentumsrechte weiter fortdauern konnten, sei folgendermaßen zu erklären: Weil Herrscher mächtige Untertanen nicht vergrämen wollen und Kosten der Überwachung, Bemessung und Erhebung von Steuern dazu führen können, dass weniger effiziente Eigentumsrechte höhere Steuereinnahmen für den Herrscher bringen als die effizienteren, seien in der Mehrzahl wachstumshemmende Eigentumsrechte entstanden.[87]

Dadurch, so argumentiert North in seinen jüngeren Arbeiten, konnte aber nicht die Frage beantwortet werden, warum aufgrund des Wettbewerbsdrucks durch andere Herrscher die ineffizienten Institutionen nicht verschwunden sind. Die Antwort hänge „von der Unterscheidung von Institutionen und Organisationen und der Wechselwirkung zwischen diesen ab, welche die Richtung institutionellen Wandels bestimme."[88] Nur Personen oder Gruppen mit ausreichender Verhandlungsmacht, um Institutionen in ihrem Sinne zu verändern, seien in der Lage, institutionelle Lösungen zu bewirken, die sozial effizient sind oder zu solchen werden. Nur dann sei es für Wirtschaften möglich, Tauschgewinne zu erzielen.[89]

---

[82]North/Davis 1971b; North/Thomas 1973.
[83]North/Davis 1971b, S. 10.
[84]North/Davis 1971b, S. 25.
[85]North 1988.
[86]North 1988, S. 34.
[87]North 1988, S. 44; ders. 1992, S. 62-63.
[88]North 1993, S. 20; ders. 1992, S. 8.
[89]North 1992, S. 19-20.

Der institutionelle Rahmen, ein kompliziertes Netz aus formgebundenen und formlosen Beschränkungen, der bei Veränderungen höchst komplexe Neuorientierungen notwendig mache, sei meistens eher stabil als instabil. Nur die oben angesprochenen Gruppen mit starker Verhandlungsmacht seien in der Lage, Veränderungen durchzusetzen. Allerdings sieht North zudem die Möglichkeit, dass der Komplex der formgebundenen und formlosen Regeln durch fortwährende schrittweise Änderungen in bestimmten Randzonen zu einem neuen Institutionenrahmen führt, so dass am Ende eine andere Menge von Entscheidungsmöglichkeiten existiere als am Anfang.[90]

Organisationen und ihre Unternehmer seien ursächlich und richtungsgebend für den institutionellen Wandel.[91] Dies geschehe

- durch die Nachfrage der Organisationen nach Wissen,
- durch die Wechselwirkung zwischen organisierter Wirtschaftstätigkeit, Wissensstand und institutionellen Gegebenheiten und
- durch schrittweise Änderung der formlosen Beschränkungen als Nebenwirkung der Maximierungstätigkeiten von Organisationen.[92]

Die Stabilität der institutionellen Systeme einer Gesellschaft werde dadurch erreicht, dass Beschränkungen und formgebundene Regeln hierarchisch aufgebaut sind, und es deshalb von Stufe zu Stufe kostspieliger würde, sie zu ändern. Auch die formlosen Beschränkungen würden die Stabilität von Systemen unterstützen, da sie durch Tradition und Routine zu gewohnheitsmäßigem Verhalten von Menschen geworden sind. Allerdings sei Stabilität notwendige, nicht hinreichende Bedingung für Effizienz.

Neben der Veränderung der relativen Preise, welche für den Einzelnen Anreize schaffe, bestehende Institutionen zu ändern, betont North in seinen jüngeren Arbeiten zudem die Veränderung von Präferenzen als Auslöser für diese Phänomene. Die Veränderung der relativen Preise (Veränderung der Relation Boden-Kapital, Veränderung der Informationskosten oder der Technik) könne exogene Ursachen haben (Pest, Bevölkerungswachstum usw.), werde zumeist aber endogen sein und die fortwährenden Maximierungsversuche der Unternehmer widerspiegeln. Eine Erklärung für die Veränderung der Präferenzen von Individuen hält er für

---

[90]North 1992, S. 82-83.
[91]North 1992, S. 87.
[92]North 1992, S. 93-94.

schwierig. Aber auch hier scheinen ihm die Veränderungen der relativen Preise zumindest zum Teil verantwortlich zu sein. Er stellt dazu die folgende These auf: Institutionen verändern sich dann, wenn Menschen ihre Ideen oder Ideologien durchsetzen, was sie um so eher tun werden, je weniger es für sie persönlich mit Kosten verbunden sein wird.[93]

Ähnlich wie die neo-klassische Theorie legt auch North seiner Theorie ein Gleichgewichtsmodell zugrunde. Das heißt, er geht von einem institutionellen Gefüge aus, in dem es bei gegebener Verhandlungsstärke der Spieler und gegebener Menge von Verträgen (welche insgesamt den ökonomischen Tausch ausmachen) kein Spieler vorteilhaft fände, Mittel zu dessen Veränderung aufzubringen. Institutioneller Wandel werde dann erfolgen, wenn sich diese Situation aufgrund einer Veränderung der relativen Preise dahingehend ändert, dass nur einer oder auch beide Tauschpartner zu der Meinung gelangen, dass die Aufbringung entstehender Kosten, die eine Veränderung des institutionellen Gefüges verursacht, für sie lohnend sein werde.[94]

Letztlich sei das institutionelle Gefüge einer Gesellschaft relativ resistent gegen Veränderungen; Wandel erfolge immer nur schrittweise. Auch Kriege oder Revolutionen könnten daran nichts ändern, da selbst wenn sich die formgebundenen Regeln schlagartig ändern würden, die formlosen Regeln auch weiterhin für Kontinuität sorgten.[95]

Historische Betrachtungen

Die „Erste Wirtschaftliche Revolution"

Etwa vor zehntausend Jahren hat sich nach Ansicht von North die „Erste Wirtschaftliche Revolution" zugetragen: der Übergang von der Jagd- und Sammlertätigkeit zum sesshaften Ackerbau.[96] In der Urzeit seien die Menschen in kleinen Horden umhergewandert und hätten von der Jagd und vom Sammeln gelebt. Da der Drang zu Erfindung und Erneuerung

---

[93] North 1992, S. 99-101.
[94] North 1992, S. 101-102.
[95] North 1992, S. 107-108.
[96] North 1988, S. 76-77; die folgenden Ausführungen von North wurden von ihm zusammen mit Thomas schon in den siebziger Jahren erarbeitet. North/Thomas 1977.

angeboren sei,[97] hätte sich eine Vielfalt menschlicher Lebensstile und Kulturen gebildet.[98] Die Menschheit sei dabei gewachsen, nicht kontinuierlich, aber doch erkennbar. Letztlich seien nämlich nicht-wachsende Horden den wachsenden Horden unterlegen gewesen. Deshalb würde der menschlichen Bevölkerung eine kollektive Wachstumstendenz innewohnen, wann immer dies das Lebenshaltungsniveau erlaubt habe. Die Ausnahme seien isolierte Horden, bei denen es auch eine homöostatische Bevölkerung geben könne.[99]

Durch die stetige Bevölkerungszunahme ist es nach Ansicht von North dann zur Teilung und zur Wanderungsbewegung einzelner Gruppen gekommen, um der Verkleinerung des Subsistenzmittelspielraums zu entgehen. Am Ende sei die Bevölkerung so groß geworden, dass sie den Nahrungsspielraum voll ausgeschöpft und eine Abnahme des Grenzertrags der beim Jagen und Sammeln eingesetzten Arbeit stattgefunden habe.

„Dieses Problem des Gemeineigentums, in dem sich der prähistorische Mensch befand, löste er durch Entwicklung exklusiver Gemeinschaftseigentumsrechte. Solange Tiere und Pflanzen relativ zur Nachfrage der menschlichen Bevölkerung reichlich vorhanden waren, gab es keinen Grund, Kosten für die Begründung von Eigentumsrechten an ihnen aufzuwenden. Erst während der Übergangsphase zunehmender Knappheit wurde es lohnend, die Kosten zur Entwicklung und Durchsetzung von Eigentumsrechten, welche das Ausmaß der Nutzung der Nahrungsmittelbestände beschränken konnten, aufzuwenden."[100]

Historisch stellt sich das North so vor, dass zuerst Hordenfremde von der Benutzung eines bestimmten Bestandes ausgeschlossen wurden – zumeist war das ein eher fruchtbares Gebiet. Danach sei die Intensität der Bearbeitung des Bestandes durch Hordenangehörige beschränkt worden. Dadurch habe sich „Jäten, primitive Bewässerung und Saatgutauswahl allmählich durch Ausprobieren [...] entwickelt. Die Produktivität des Anbaus stieg [...]; das Grenzwertprodukt der Arbeit im Ackerbau erhöhte sich." Etliche Horden seien nicht in der Lage gewesen, diesen Übergang zu bewerkstelligen; aber manche eben doch, worauf dann die Entwicklung der Zivilisation und des Wirtschaftswachstums ihren Anfang genommen habe.

---

[97] North 1988, S. 16.
[98] North 1988, S. 76.
[99] North 1988, S. 87-89.
[100] North 1988, S. 91.

Für North bedeutet die „Erste Wirtschaftliche Revolution" nicht deshalb eine Revolution, weil der Mensch nun Landwirtschaft betrieb, anstatt zu jagen und sammeln, sondern weil sie eine grundsätzliche Veränderung der Anreizstrukturen geschaffen hat, welche in der Verschiebung der Eigentumsrechte begründet ist. Durch die Schaffung von exklusiven Eigentumsrechten sei im Gegensatz zum Gemeineigentum der „unmittelbare Anreiz zur Erhöhung von Effizienz und Produktivität" geschaffen worden. Und North weiter:

> „Eben diese Anreizveränderung erklärt den raschen Fortschritt, den die Menschheit in den letzten 10.000 Jahren im Unterschied zu ihrer langsamen Entwicklung in der langen Zeit des primitiven Jagens und Sammelns davor verzeichnete."[101]

Meines Erachtens sind die Ausführungen von North zu diesem Thema etwas kurz geraten. Er versucht zu sehr, seine Theorie der Eigentumsrechte auf frühgeschichtliche Phänomene zu übertragen. Besonders der Zusammenhang zwischen Bevölkerungswachstum und Eigentumsrechten zeigt, wie schnell eine solche Methode zu tautologischen Ergebnissen führen kann. *Aufgrund* des Bevölkerungswachstums und der damit einhergehenden Nahrungsmittelknappheit sei es in Auseinandersetzung mit anderen Horden zu Landbesitznahme durch einzelne Horden gekommen. Und, so North weiter: „Je größer die Bevölkerung, umso höher sind ihre Chancen eines erfolgreichen Ausschlusses Fremder. Wenn verschiedene Horden miteinander in Berührung kommen, werden also diejenigen, die keinen Versuch machen, ihre Bevölkerung zu beschränken, tendenziell jene dominieren, die dies tun." *Deshalb* zeige die prähistorische menschliche Bevölkerung insgesamt eine kollektive Tendenz zu wachsen – genau das war aber der von ihm unterstellte Auslöser dieser Entwicklung.[102]

Anne Mayhew weist zudem darauf hin, dass die Darstellung von North nicht durch anthropologische und archäologische Berichte gestützt wird. Zudem bringt sie einige weitere Einwände ins Spiel:

- Im Gegensatz zu den Thesen von North fällt der geringe Bevölkerungszuwachs in heutigen Jäger- und Sammlerkulturen auf.
- Die Art und Weise seines Quellengebrauchs ist zu bemängeln. Der angeführte Bevölkerungszuwachs vor der landwirtschaftlichen Re-

---

[101] North 1988, S. 89-93.
[102] North 1988, S. 88-89.

volution lässt sich empirisch und anhand seines Bezugsmaterials nicht eindeutig folgern.

- Vieles spricht dafür, dass es auch vor der landwirtschaftlichen Revolution bestimmte Territorien gegeben hat, in welchen unsere Vorfahren lebten und sich gegen andere Gruppen verteidigten.
- Landwirtschaft muss keineswegs an Territorien gebunden sein. Auch eine Wanderlandwirtschaft ist denkbar, welche ähnliche Verfügungsrechte wie Jäger- oder Sammlerkulturen erfordern.[103]

Ob seine Darstellung der „Ersten Wirtschaftlichen Revolution" deshalb gänzlich verworfen werden muss, bleibt dahingestellt. Auf jeden Fall wird an dieser Stelle aber deutlich, dass sich die Property-Rights- und die Transaktionskostentheorie in dieser Einfachheit nicht auf prähistorische Gesellschaften anwenden lassen.

Die „Zweite Wirtschaftliche Revolution"

Der Begriff „wirtschaftliche Revolution" steht in der Theorie von North für zwei verschiedene Veränderungen in einem Wirtschaftssystem. Zum einen bezeichnet er „eine grundsätzliche Veränderung im Produktionspotenzial einer Gesellschaft als Folge einer wesentlichen Veränderung von deren Wissensstand", zum anderen die „ebenso wesentliche Veränderung der Organisation zur Realisierung dieses Produktionspotenzials." Die Erste Wirtschaftliche Revolution habe die Landwirtschaft und die „Zivilisation" geschaffen, die Zweite Wirtschaftliche Revolution „eine elastische Angebotskurve für neues Wissen, wodurch das Wirtschaftswachstum in das System eingebaut wurde."

Erst durch die Verbindung zwischen Naturwissenschaft und Technik sei es möglich geworden, die stillschweigenden Grundannahmen der neoklassischen Nationalökonomie – neues Wissen sei zu konstanten Kosten erzeugbar und Substitution mache ein fortgesetztes Wachstum möglich – in die Wirklichkeit umzusetzen.[104]

Für North entscheidend ist, dass man beide wirtschaftlichen Revolutionen mit „der Neigungsänderung der Angebotskurve neuen Wissens"

---

[103]Mayeh 1982, S. 568-571.
[104]North 1988, S. 176.

gleichsetzen kann – und nicht etwa die Häufung einer Anzahl von Innovationen oder anderer Merkmale, welche zur Beschreibung der industriellen Revolution gebraucht wurden.[105]

Die Durchsetzung der Zweiten Wirtschaftlichen Revolution im Speziellen erklärt sich North folgendermaßen:

- Der erste Schritt ist die Entwicklung der Naturwissenschaften gewesen, für die es in ihrer anfänglichen Entwicklung bis heute allerdings keine überzeugende Erklärung gibt.

- Der zweite Schritt betrifft den geistigen Austausch zwischen Erfindern und Naturwissenschaftlern, wie er sich während der industriellen Revolution ergeben hat. Dadurch ist man sich der Verbindung zwischen einer Vermehrung des Grundwissens und einer hohen gesellschaftlichen beziehungsweise privaten Ertragsrate bewusst geworden.

- Die Herausbildung von Eigentumsrechten ist die Ursache dafür, dass sich die private Ertragsrate der gesellschaftlichen Ertragsrate angenähert hat. In diesem Zusammenhang hebt er besonders die Patentgesetzgebung hervor, aber auch andere ergänzende Gesetze wie zum Beispiel die Vorschriften über das Berufsgeheimnis sind darunter zu fassen.[106]

Auch die für die Zweite Wirtschaftliche Revolution wesentlichen technischen Durchbrüche unterteilt North in drei Punkte:

- Die Entwicklung automatisierter Maschinen. Hier gibt North als Beispiel Henry Fords Förderband zur Herstellung des „Model T" an.

- Die Erschließung neuer Energiequellen; von der Dampfmaschine über den Verbrennungsmotor bis zur Entdeckung der Elektrizität und schließlich der Kernkraft.

- Die Umwandlung der Materie. Nach der Bronze- und der Eisenzeit haben die Naturwissenschaften einen neuen technischen Durchbruch in der Umgestaltung von Materie hervorgebracht.

---

[105]North 1988, S. 176-177.
[106]North 1988, S. 177-178.

„Eben diese Entwicklung hat den Verlauf der Kurve für das Angebot an Grundlagenwissen verändert und trotz der nie dagewesenen Bevölkerungsexplosion im letzten Jahrhundert anhaltendes Wirtschaftswachstum möglich gemacht."[107]

Die Zweite Wirtschaftliche Revolution habe zu ungeheuren Produktivitätsgewinnen geführt, weil sich durch Arbeitsteilung und Spezialisierung die Tauschakte exponentiell vervielfacht hätten. Andererseits seien dadurch auch die Transaktionskosten gestiegen, allerdings nicht in einer Höhe, um die Produktionsgewinne aus der Spezialisierung zunichte zu machen. Daher der Quantensprung im Lebenshaltungsniveau in der modernen westlichen Welt.[108]

Die Ausführungen über die Bedeutung von Anreizstrukturen für die wirtschaftliche Leistungsfähigkeit einer Gesellschaft gehören meines Erachtens zu den wesentlichen Gesichtspunkten des Northschen Werkes. Das gilt gerade auch für eine mögliche Erweiterung der neo-klassischen Theorie. Ein Blick auf das Werk von Sombart[109] zeigt allerdings, dass diese Gedanken höchstens aus neo-klassischer Sicht als gänzlich neu zu bezeichnen sind.

Zudem wird an dieser Stelle auch deutlich, dass North allgemeine gesellschaftliche Entwicklungen zu sehr unter wirtschaftstheoretischen Fragestellungen untersucht. Politik, Macht oder etwa verteilungspolitische Fragen fließen nicht in die Analyse mit ein.[110]

Der Untergang des Feudalismus – ein Fallbeispiel

In seinen früheren Untersuchungen[111] ging North davon aus, „dass die Dienstleistungen [der Leibeigenen im Mittelalter; M.W.] eine Folge der Transaktionskosten der Schaffung geordneter Märkte sind, die so hoch waren, dass sie Spezialisierung und Tauschhandel von vornherein ausschlossen." In diesem Fall sei es für den Grundherren preiswerter gewesen, „die ihm geschuldeten Arbeitsleistungen zur Erzeugung der Güter, die er wünschte, zu verwenden, als jedes Mal mit seinen Leibeigenen Verhand-

---

[107]North 1988, S. 178-179.
[108]North 1988, S. 181.
[109]Sombart 1927, S. 2-3.
[110]Libecap 1992, S. 222; Gey 1982, S. 94.
[111]North/Thomas 1971b; ders. 1971c; ders. 1973.

lungen zu führen, wenn er im nächsten Jahr andere Güter konsumieren wollte." Weil es keine Märkte gab, sei dieses System trotz höherer Kosten für Überwachungsmaßnahmen die effizienteste Form der Güterbeschaffung gewesen. Darüber hinaus hätten die Gewohnheitsrechte der Grundherren dafür gesorgt, dass die Kostensteigerungen nicht zu hoch ausfielen.

Die Beziehung zwischen Leibeigenen und den Grundherren interpretiert North als eine vertragliche Beziehung: der Grundherr schützt die Leibeigenen vor Feinden und übernimmt die Rechtsprechung. Im Gegenzug erbringen die Leibeigenen die Arbeitsleistungen für den Dienstherrn. Hierbei ist der Grundherr in den Verhandlungen mit seinen Leibeigenen grundsätzlich im Vorteil und hat die Möglichkeit, diese auszubeuten. Da aber Arbeitskräfte knapp waren und für seine Leibeigenen immer die Gelegenheit zur Flucht aus seinem Herrschaftsbereich bestand, hat es im Interesse des Grundherrn gelegen, seine Herrschaft in moderater Weise auszuüben.[112]

Diese Darstellung der mittelalterlichen Verhältnisse rief allerdings umfangreiche Kritik hervor.[113] Man kann weder davon ausgehen, dass die Vereinbarung einer Arbeitsleistung effizienter ist als die Vereinbarung einer Sachleistung[114] (auch unter den Formen des direkten Tausches müssen Arbeitsleistungen nicht unbedingt die Transaktionskosten senken[115]), noch von einer Abwesenheit des Marktes im Allgemeinen.[116] Tatsächlich gab es schon Märkte, bevor die Kolonialisierung im größeren Umfang einsetzte, und auch der Herrenhof überlebte mit einigen Modifikationen noch eine lange Zeit nach der Etablierung der Marktwirtschaft.[117]

Auch die Behauptung, dass zwischen Herren und Hörigen eine vertragliche Bindung bestand, lässt sich so nicht aufrechterhalten. Es handelte sich vielmehr um ein statusrechtliches Verhältnis. Das Recht war im Mittelalter an Privilegien und Personen gebunden; es war keineswegs für alle gleich. Die rechtliche war von der sozialen Sphäre noch nicht getrennt.

Schließlich ist es für die Leibeigenen keineswegs so einfach gewesen, ihr Land zu verlassen, wie North das behauptet:

---

[112]North 1988, S. 134-135.
[113]Jones 1972; Fenoaltea 1975; Field 1981; Kieser 1988.
[114]Kieser 1988, S. 311.
[115]Fenoaltea 1975, S. 394.
[116]Fenoaltea 1975, S. 398.
[117]Kieser 1988, S. 311.

- Freies unbebautes Land konnten sie sich schon allein aus Kostengründen nicht aneignen.
- Durch eine Flucht vom Herrenhof wären sie rechtlos und vogelfrei geworden.
- Eine Abwanderung auf einen anderen Herrenhof wäre sinnlos gewesen, da dort genau dieselben Verhältnisse herrschten.[118]

Auch bewahrte der Grundherr seine Hörigen nicht unbedingt vor Raub und Überfällen. Sein eigens Haus war geschützt, nicht aber das Dorf der Bauern. Er „schützte" höchstens davor, dass die Angreifer sich dauerhaft zur Ausbeutung niederließen. Aber selbst wenn die Bauern Zuflucht beim Grundherren suchen konnten: zum einen mussten sie erst einmal die Zeit dazu haben, und zum anderen lag es natürlich immer ausschließlich im Ermessen des Grundherren, ob jemand eingelassen wurde oder nicht.[119]

Folgt man diesen Kritiken, wird deutlich, dass North in seinen Untersuchungen das Vertragskonzept einer modernen Gesellschaft auf mittelalterliche Verhältnisse übertragen und systematisch die Zwänge, welche in der mittelalterlichen Gesellschaft immer vorhanden waren, zu Gunsten einer widerhistorischen modernen Vertragsfreiheit ausgeblendet hat.[120]

Daraufhin hat North seine Thesen im Hinblick auf die kritisierten Punkte abgeschwächt, aber nicht ohne noch einmal ausdrücklich auf das für ihn entscheidende Argument seiner Untersuchungen hinzuweisen: „nämlich dass die Veränderung der marginalen Opportunitätskosten der Grundherren und der Leibeigenen das Wesen der Grundherrschaft in Frage stellte und schließlich zu ihrem Untergang führte."[121]

Die Pfadabhängigkeit des institutionellen Wandels

In seinen neueren Arbeiten[122] erklärt North die Verlaufsabhängigkeit der Geschichte als Schlüssel zum Verständnis des institutionellen Wandels. Er möchte dabei allerdings die konstruktiven Bestandteile der neo-klassischen Theorie beibehalten: das Knappheits- und Konkurrenzpostulat sowie die

---
[118]Fenoaltea 1975, S. 388-389; Kieser 1988, S. 309-310.
[119]Fenoaltea 1975, S. 375.
[120]Kieser 1988, S. 310.
[121]North 1988, S. 135-136.
[122]North 1992, S. 164; North 1994c, S. 390.

These von Anreizen als Triebkraft. Erweitern will er die Theorie durch den Einbau der unvollständigen Information, der subjektiven Modelle der Wirklichkeit und der für Institutionen typischen zunehmenden Erträge.[123] North möchte also nicht das Instrumentarium der neo-klassischen Preistheorie und der von den Kliometrikern entwickelten Verfahren verwerfen, sondern nur das Schwergewicht verlagern, das heißt, die menschlichen Rationalitätsvorstellungen modifizieren,[124] die Transaktionskosten untersuchen und die Bedeutung der Verlaufsabhängigkeit für die historische Entfaltung von Wirtschaften erfassen.[125]

Am Beispiel Englands und Spaniens am Ende des Mittelalters will North zeigen, wie sich bei einer gleichen relativen Veränderung der Preise zwei völlig unterschiedliche Staatssysteme entwickeln konnten. Während das wirtschaftliche Wachstum in Spanien jahrhundertelang stagniert habe, seien in England im Mittelalter formlose Beschränkungen entstanden, welche die Eigentumsrechte sicherten und produktive Tätigkeiten unterstützten. Nach der Revolution und der Einsetzung eines Parlaments sei dies dann in formgebundene Regeln festgesetzt worden, was den nachhaltigen wirtschaftlichen Erfolg Englands erkläre.[126] Die institutionalisierten Maximierungsvorteile hätten nämlich zu immer neuen institutionellen Veränderungen geführt, die dann ihrerseits wieder die sozialen Erträge erhöhten.[127]

„Sobald ein Entwicklungspfad einmal eine bestimmte Richtung nimmt, bestätigen ihn darin gerade die Netzwerkexternalitäten, die Lernprozesse von Organisationen und die historisch abgeleitete subjektive Modellierung der Probleme." [128]

Es sei auch ein Fehler zu glauben, dass ein solcher Erfolgsweg aufgrund von geringfügigen Zwischenfällen oder Irrtümern verlassen werde.[129] Aus seinen Ergebnissen folgert North:

„Die typischen zunehmenden Erträge der Institutionenmatrix und der komplementären subjektiven Modelle der Spieler lassen jedoch vermuten, dass zwar ein spezifischer kurzfristiger Verlauf unvor-

---

[123] North 1992, S. 133.
[124] North meint damit die menschlichen Rationalitätsvorstellungen, wie sie von der Neoklassik formuliert wurden. M.W.
[125] North 1992, S. 161.
[126] North 1992, S. 167; ders./Weingast 1989, S. 328-332.
[127] North 1992, S. 145.
[128] North 1992, S. 117.
[129] North 1992, S. 119.

hersehbar ist, die allgemeine langfristige Richtung aber sowohl besser vorhersehbar als auch schwieriger zu ändern ist."[130]

Bis hierhin befindet sich North noch auf dem Boden des von ihm favorisierten ökonomischen Erklärungsansatzes, für welchen immer noch das Coase-Theorem die Grundlage bildet. Das besagt vereinfacht ausgedrückt: Unabhängig von den ursprünglichen Eigentumsrechten kommt es in einer Welt mit vollkommener Information und ohne Transaktionskosten zu einer pareto-optimalen Allokation der Güter. Indem North nun aber das Modell der Pfadabhängigkeit in seine Theorie einbaut und den Einfluss der Ideologie auf menschliche Verhaltensweisen akzeptiert, nähert er sich einem evolutorischen Ansatz – ohne aber einen methodischen Wechsel zu vollziehen.[131] Hier kommt es dann zu Unstimmigkeiten in seiner Theorie, wie das folgende Zitat deutlich macht:

„Anlass für den schrittweisen Wandel sind die Vorteile, die Organisationen und deren Unternehmer sich vom Erwerb praktischer Fertigkeiten, theoretischen Wissens und von Informationen erwarten können, mit deren Hilfe sie ihre Ziele besser zu erreichen vermögen. Verlaufsabhängigkeit ergibt sich aus den Mechanismen zunehmender Erträge, die dafür sorgen, dass ein einmal eingeschlagener Pfad weiter verfolgt wird. Änderungen des Pfades ergeben sich aus unerwarteten Folgen von Entscheidungen, externen Effekten und zuweilen aus modellexogenen Kräften. Eine Pfadumkehr (von der Stagnation zum Wachstum oder umgekehrt) kann sich aus den oben genannten Ursachen der Pfadänderung ergeben, tritt aber typischerweise infolge von Veränderungen im politischen Bereich ein."[132]

Hier verlässt North deutlich den Geltungsbereich von ökonomischen Erklärungsansätzen. Letztendlich kann er aber der Ideologie oder dem Einfluss des Staates nicht gerecht werden, weil seine Theorie der institutionellen Entwicklung eben nicht pfadimmanent angelegt ist, sondern in dem Sinne modellimmanent verbleibt, „als sie ihre Inspiration aus dem ideal und statisch konzipierten Coase-Modell ableitet".[133]

Wie Birger P. Priddat feststellt, beschreibt North den pfadabhängigen Prozess des institutionellen Wandels als chaotisches System mit sensitiver

---

[130]North 1992, S. 123-124.
[131]Leipold 1996, S. 99.
[132]North 1992, S. 133-134.
[133]Leipold 1996, S. 99.

Abhängigkeit von den Anfangsbedingungen, welches ein Selbstorganisationsphänomen darstellt – ohne allerdings diese Probleme theoretisch zu erfassen und ohne es so zu benennen.[134]

Exkurse

Rationale Akteure als kommunikative Fiktion

Im Gegensatz zur Neuen Institutionen Ökonomie gehen Michael Hutter und Gunther Teubner davon aus, dass der „homo oeconomicus" aus kommunikativ strukturierten Handlungserwartungen besteht,[135] wobei sie die Richtigkeit der folgenden drei Thesen als erwiesen ansehen:[136]

- Der rational actor ist eine kommunikative Fiktion der Rechts- und Wirtschaftspraxis selbst. Sie ist insofern real, als sie für wirtschaftliche und rechtliche Operationen eine soziale Realität bildet. Außerdem koppeln sich die Akteursfiktionen als „virtual realities" an die psychischen Eigendynamiken der beteiligten Menschen.

- Soziale Systeme beuten psychische Systeme mit Hilfe der Akteursfiktionen für ihre Zwecke aus.

- Außerdem versuchen sie mit Hilfe dieser Fiktionen strukturelle Kopplungen zu anderen Organisationen herzustellen, um deren kommunikativen Energien für ihre Zwecke zu nutzen.[137]

Der homo oeconomicus sei demnach keine anthropologische Konstante,[138] sondern durch das System Wirtschaft selbst geschaffen – und nicht von der Wissenschaft, die diese Fiktion dann allerdings rekonstruieren und umbauen könne.[139]

„Rationale Akteure sind ein Medium der funktionalen Subsysteme der Gesellschaft. In dieses Medium zeichnet die momenthafte operative Kopplung von Sozialsystemen und Psyche die konkreten

---

[134]Priddat 1995a, S. 208 Fußnote 10.
[135]Hutter/Teubner 1994, S. 110-111.
[136]Hutter/Teubner 1994, S. 141-142.
[137]Hutter/Teubner 1994, S. 110-111.
[138]Hutter/Teubner 1994, S. 120.
[139]Hutter/Teubner 1994, S. 117.

Formen ein, mit denen die sozialen Elementaroperationen das kommunikative Geschehen weiterbringen."[140]

Eine Erweiterung der rational choice zur universalen Rationalität sei also nicht zulässig, weil diese eine wirtschaftliche Leistung darstelle und nur durch das Medium Geld in quantifizierbare Relationen gesetzt werden könne. Zwar sei es möglich, die Kosten-Nutzen-Kalkulation auch in anderen sozialen Kontexten zu verwenden, und das werde sie auch, dann müsse das Ergebnis dieser Handlung aber nicht, wie es im Subsystem Wirtschaft der Fall sei, die Erwartungen erfüllen. Des Weiteren könne man nicht von unterschiedlichen gesellschaftlichen Rationalitäten auszugehen, um die Wahl zwischen diesen letztlich wieder den Rational-Choice-Prinzipien zu unterstellen.[141]

Im Gegensatz zu den Transaktionskosten- und den Principal-Agent-Theorien gehen Hutter und Teubner also davon aus, dass Organisationen ebenso reale oder ebenso fiktive Akteure sind wie die Individuen.[142]

Sie kommen deshalb zu dem Schluss, dass die Identität unseres Bewusstseins im viel höheren Maße, als dies das Paradigma vom seine eigenen Geschicke lenkenden Individuums wahrhaben will, der Selbsterhaltung sozialer Systeme ausgeliefert sei. Das widerspreche nicht der Behauptung der fortschreitenden Individualisierung in modernen Gesellschaften, die eben ein Produkt der Selbstsozialisierung der Personen durch die verschiedenen Subsysteme sei. Um die sozialen Personenfiktionen aktiv zu beeinflussen, sei es notwendig, deren Ursprung, also ihre Bereitstellung durch soziale Systeme zwecks Selbstreproduktion, sichtbar zu machen.[143]

Im Hinblick auf die Theorie von North sind die hier zusammengefassten Ausführungen von Hutter und Teubner deshalb wesentlich, weil sie zeigen, dass der Ausschließlichkeitsanspruch der Northschen Theorie im Hinblick auf die Handlungsmotivationen von Individuen nicht haltbar ist.

---

[140]Hutter/Teubner 1994, S. 124.
[141]Hutter/Teubner 1994, S. 127-130.
[142]Hutter/Teubner 1994, S. 131.
[143]Hutter/Teubner 1994, S. 141-142.

Die Sozialvertragsfiktion der individuellen Entscheidungsfreiheit

North vertritt die These, dass Individuen beim Eintritt in eine Institution nur diejenigen Restriktionen wählen, welche sie für sich als vorteilhaft erachten. Dabei unterschlägt er nach Ansicht von Priddat, dass Institutionen in der Regel für einen längeren Zeitraum Bestand haben und deshalb bei ihrer Wahl auch Restriktionen von Handlungsmöglichkeiten zu späteren Zeitpunkten gewählt werden, deren Festlegung zum Zeitpunkt der Gegenwart nicht als sinnvoll erscheinen würde. Es handele sich bei der Festlegung auf eine bestimmte Institution also immer um eine konstruktivistische und nicht um eine rationale Entscheidung.[144] Die Stabilität der Institutionen beruhe auf der Stabilität der wechselseitigen Handlungserwartungen, welche dadurch erreicht werde, dass Individuen freiwillig die Regeln befolgen. Denn nur durch die Erwartung, dass alle Individuen die Regeln befolgen, könne Stabilität erreicht werden.[145] Tatsächlich bleibe die Erwartung bezüglich der Regeleinhaltung aber stets kontingent, wobei die Kontingenz mit der zeitlichen Dauer der Institutionen wachse.[146] Neben den Vorteilen, die aus kooperativem Handeln entstünden, bestehe der positive Nutzen von Institutionen darin, dass sie die neu geschaffenen Handlungsmöglichkeiten auf Dauer festlegen.

„Wenn ‚Effizienz' ein Modus der Handlungsrationalität ist – nämlich eine Entscheidungssituation, in der frei und unabhängig die Beste der gegebenen Alternativen gewählt werden kann –, dann ist die institutionelle Vorentscheidung, einer kollektiv vereinbarten Regel zu folgen, um bestimmte Handlungsoptionen überhaupt ausüben zu können, keine rationale Entscheidung, da die betreffenden Subjekte nicht wissen können, gegen welche Alternativen künftighin die rationale Abwägung geschehen wird."[147]

Auch gelte die von North unterstellte Unsicherheitsreduktion der Institutionen nicht für einen beliebigen Zeitraum. Im Laufe der Institutionsdauer werde sie wieder hergestellt, da die Opportunitätskosten und die Menge der möglichen Alternativen steigen würden. Außerdem wachse aus diesen Gründen die Unsicherheit darüber, ob die anderen Individuen die

---

[144]Priddat 1995a, S. 208 Fußnote 11.
[145]Priddat 1995a, S. 211.
[146]Priddat 1995a, S. 211 Fußnote 14.
[147]Priddat 1995a, S. 219.

bestehenden Institutionen nicht aufgeben wollen, oder schon aufgegeben haben, das heißt auch die stabile Erwartungslage an die anderen Individuen erodiere mit der Zeit.[148]

„Wenn wir uns erinnern, dass wir gezeigt hatten, dass die institutionelle Entscheidung nicht rational genannt werden kann, weil sie mit der Unbestimmtheit der dauerhaften Erwartungsstabilität rechnen muss, ist die Unbestimmbarkeit der Abschließung einer Institution nicht erstaunlich, sondern nur das Korrespondenzereignis zur imaginierten Anfangsrationalität. Anfang wie Ende sind geschichtliche Ereignisse, keine rationalen Entscheidungen."[149]

Außerdem sei die Behauptung von North, dass Institutionen durch individuelle Entscheidungen getroffen werden, eine der „Sozialvertragsfiktionen". Empirisch gesehen, wären Individuen auf Institutionen gestoßen, über deren Existenz sie nicht haben entscheiden können. Institutionen seien für Individuen in Bezug auf ihre Entscheidungsmöglichkeiten „geschichtsmächtig" determinierend und transgenerationell operierend.

Die transgenerationelle Struktur erkläre sich nicht aus besonderen Handlungsmotiven, sondern allein aus der Dauerhaftigkeit der Institutionen. Im Gegensatz zu den kontingenten Ereignissen der Geschichte, seien Institutionen für die Bewahrung einer bestimmten Form der Geschichte prädestiniert. Das bedeute, dass Institutionen, deren Aufgabe die Reduktion von Unsicherheit ist, allein deshalb nicht so schnell gewechselt werden, „weil die Unsicherheitsreduktionsleistung unerprobt neuer Institutionen selber als eine Unsicherheit erfahren wird".[150] Jede zukünftige Gegenwartsentscheidung werde tatsächlich durch die zeitstabile institutionelle Regelbindung, also durch eine in der Vergangenheit getroffene Entscheidung, begrenzt.[151]

Erschienen Institutionen aus der Perspektive der normativen Rationalität als ineffizient, seien sie, betrachte man die tatsächliche Handlungsbewältigung, tatsächlich sehr effizient, da sie die Belastungen rationaler Handlungsbewältigungen aussetzen. Sie würden für alle Individuen eine Entlastung darstellen.

„Wir können – wenn wir den ‚Pfad des historischen Wandels' von North folgen – innerhalb eines einmal historisch entstandenen in-

---

[148]Priddat 1995a, S. 225-227.
[149]Priddat 1995a, S. 229.
[150]Priddat 1995a, S. 230-231.
[151]Priddat 1995a, S. 232.

stitutionellen Nexus möglicherweise die Grenzen seines Operationsbereichs beschreiben, nicht aber ‚Gesetzmäßigkeiten' konstruieren, nach denen die Änderung des institutionellen Pfades selbst verlaufen muss."[152]

Priddat versteht Geschichte als komplexes Phänomen, welches sich aus singulären Ereignishaftigkeiten zusammensetzt. Im Gegensatz zum nomologischen Modell der ökonomischen Wissenschaft stelle ein geschichtliches Modell auf eine sukzessive Verkettung von Ereignissen ab, welche erzählt, aber nicht rational entschieden werden könnten. Er beschreibt letztendlich ein höchst komplexes System, dessen Entwicklung abhängig ist von den Erwartungen über den Wechselzusammenhang zwischen institutionellen und nicht-institutionellen Handlungssituationen, welche der individuellen Rationalität nicht mehr zugänglich sind. Methodisch müsse deshalb die schon an anderer Stelle aufgeworfene Frage gestellt werden, ob nicht, anstelle der rational handelnden Individuen, die Systeme die besseren Akteure seien.

Zugleich wirft Priddat die Frage auf, ob der „rational-choice-Ansatz" nicht deshalb entstehen konnte, weil er am ehesten dem Selbstverständnis des Menschen nach der Aufklärung entspricht: nämlich seine Entscheidungen frei treffen zu können.[153]

Kritische Reaktionen in der Wissenschaft

Nach Auffassung einer Reihe von Wissenschaftlern ist die Erweiterung der neo-klassischen Theorie durch North und die „New Economic History" einer der wesentlichen Aspekte dieser Forschungsrichtung.[154] Außerdem verbinden viele Wirtschaftshistoriker damit die Hoffnung, dass die geschwächte Beziehung zwischen Ökonomie und Wirtschaftsgeschichte gestärkt wird[155] und es wieder zu einem lohnenden interdisziplinären Austausch kommt.[156]

---

[152] Priddat 1995a, S. 235.
[153] Priddat 1995a, S. 235-238.
[154] Rostow 1982, S. 301; Wischermann 1993, S. 256; Terberger 1994, S. 235ff.; Richter 1990, S. 581; ders. 1994, S. 59-60; Tietzel 1991, S. 24-25.
[155] Borchardt 1977, S. 156; Buchheim 1997, S. 13.
[156] Wischermann 1993, S. 256.

Die einzelnen Konzepte der Neuen Institutionen Ökonomie beziehungsweise der „New Economic History" – der Property-Rights-Ansatz, die Agency-Theorie usw. – werden zudem von Teilen der Wirtschaftswissenschaft als befruchtende Ansätze empfunden.[157] Die Bewertung der Erklärungskraft dieser Konzepte, hier nach Horst Feldmann, fällt allerdings nicht nur positiv aus.

- Die Agency-Theorie stelle zwar gegenüber der Neoklassik einen erheblichen Erkenntnisgewinn dar, weil sie einen wichtigen Beitrag zu Erklärung realer Institutionen liefere. Dabei müsse man aber bedenken, dass sie nur auf einen speziellen Aspekt institutioneller Arrangements anwendbar sei.[158]

- Auch der Property-Rights-Ansatz verfüge über eine hohe Erklärungskraft, weil er gezeigt habe, dass Eigentumsrechte in wirtschaftlichen Prozessen durchaus relevant seien. Außerdem sei der empirische Bewährungsgrad des Ansatzes relativ hoch einzuschätzen. Es gebe allerdings noch Bedarf an breiter angelegten Untersuchungen, welche erst allgemeine Schlussfolgerungen erlauben würden.[159]

Die Transaktionskostentheorie erscheint aus seiner Sicht als eines der gewinnbringendsten neuen Konzepte.

„Alles in allem handelt es sich bei der Transaktionskostenökonomik um einen Ansatz, der bisher schon einen wesentlichen und innovativen Beitrag zu einer theoretisch fundierten Analyse ökonomischer Institutionen geleistet hat und von dem in Zukunft noch weitere fruchtbare Beiträge erwartet werden können. Mit seiner interdisziplinären und dogmenhistorischen Fundierung und seiner Integration betriebs- und volkswirtschaftlicher Aspekte stellt er geradezu ein Muster für die noch ausstehende Entwicklung einer allgemeinen ökonomischen Institutionentheorie dar, in deren Rahmen ihm gewiss eine zentrale Stellung zukäme."[160]

---

[157]Schenk 1992, S. 371.
[158]Feldmann 1995, S. 81-82.
[159]Feldmann 1995, S. 80-81; Schulz ist der Meinung, dass der Property-Rights-Ansatz auch für historische Forschungen fruchtbar gemacht werden kann. Schulz 1995, S. 424; nach Dugger beschäftigt er sich dagegen zu sehr mit statischer Effizienz. Dugger 1980, S. 52.
[160]Feldmann 1995, S. 84.

Obwohl insgesamt gesehen unter den Wirtschaftshistorikern eine gewisse Skepsis vorherrscht,[161] kommt unter anderem Dieter Ziegler zu dem Schluss, dass die Neuen Institutionen Ökonomie in vielen Bereichen mit Gewinn zur Analyse herangezogen werden kann.[162] Sie erscheint ihm sinnvoll unter definierten Voraussetzungen unterhalb von weltgeschichtlichen Deutungen – zum Beispiel auf den Gebieten der Unternehmensforschung, der Armengesetzgebung oder der Agrarverfassung.[163]

Letztlich begrüßen die meisten Wirtschaftshistoriker die „New Economic History" als eine Erweiterung der neo-klassischen Theorie und erachten eine empirische Überprüfung als zweckdienlich.[164] Trotzdem fällt die negative Kritik sehr viel umfangreicher aus als in der Wirtschaftswissenschaft:

- Wie die gesamte neo-klassische Theorie, sei auch der Ansatz von North zu statisch angelegt. Es handele sich letztlich um eine Gleichgewichtstheorie, nach der alle beobachtbaren Änderungen der Institutionen als eine Folge von Ungleichgewichten angesehen werden.[165]

- Neben den wirtschaftlichen Ursachen institutionellen Wandels vernachlässige North andere Aspekte wie zum Beispiel Geographie, Klima, Geschichte, Religion, Politik usw. Als besonders schwerwiegend erscheint vielen dabei die Ausblendung der Probleme der Macht, der sozialen Ungleichheit, des Zwanges, der Unterdrückung, der Gewalt oder der verteilungspolitischen Fragen.[166]

- Die „New Economic History" tendiere dazu, alle beobachtbaren Zustände als einen Erweis ihrer relativen Vorteilhaftigkeit anzusehen. Sie bestätige diejenigen Institutionen, welche sich tatsächlich durchgesetzt haben, als in ihrer Situation am effizientesten. Das sei empirisch schwer nachweisbar und zudem erwecke es den Ver-

---

[161] Wischermann 1993, S. 256.
[162] Ziegler 1997, S. 412.
[163] Plumpe 1997, S. 16; Tilly 1996, S. 21-22.
[164] Ambrosius 1996, S. 348-351.
[165] Borchardt 1977, S. 151; Buchheim 1997, S. 13; Ambrosius 1996, S. 348-351; Hicks 1974, S. 693.
[166] Borchardt 1977, S. 155; Gey 1982, S. 94; Ambrosius 1996, S. 348-351; Tilly 1996, S. 21-22; Landes 1976, S. 126; Libecap 1992, S. 222; Ringrose 1973, S. 292; Pollard 1984, S. 18-19; Carruthers 1990, S. 697-698; In einer Kritik des „Property Right Paradigm" von Alchian und Demsetz weist Hutter ebenfalls auf diesen Punkt hin. Hutter 1974/5; S. 555.

dacht der Tautologie.[167] „Was sich im Lauf der Geschichte durchgesetzt hat, muss zwangsläufig effizienter als die verfügbaren Alternativen gewesen sein." Die Theorie von North könne darstellen, wie eine ineffiziente Organisationsform durch eine effiziente ersetzt wird. Sie erkläre aber nicht, wie es zu einer neuen, und warum gerade zu dieser und keiner anderen, Organisationsform neben der alten und ineffizienten gekommen sei.[168]

- Weil Daten fehlen, welche die Ermittlung der relativen Preise in der Vormoderne zulassen, also wegen eines empirischen Problems, sei an einer Überprüfbarkeit der Transaktionskostentheorie zu zweifeln.[169] Letztlich gelänge es North nicht, die Transaktionskosten operational zu definieren.[170]

- Es bestehe die Gefahr, dass der im Neoklassismus offensichtliche Modellcharakter der Theorie[171] verloren geht und die Beschreibung von institutionellen Phänomenen als Erklärung der Realität dargeboten wird.[172]

- Erst in der Moderne habe sich die Ökonomie als eigenständiger Bereich neben Staat, Kultur, Gesellschaft oder Religion herausgebildet. Eine analytische Unterscheidung zwischen politischer Herrschaft, sozialer Verfassung und ökonomischer Struktur sei deshalb erst seit diesem Zeitpunkt möglich. Es sei zwar methodisch erlaubt, diese modernen Trennungen in die Vorvergangenheit zu legen, um analytische Erkenntnisse zu gewinnen, dabei müsse aber immer beachtet werden, dass sie für den damaligen Zeitraum nicht angemessen sind.[173] Gerade das habe North aber nicht getan.[174]

- North übernehme das Modell des (bedingt-)rationalen und nutzenmaximierenden Individuums aus der neo-klassischen Theorie.

---

[167]Tilly 1996, S. 21-22; Ambrosius 1996, S. 348-351; Borchardt 1977, S. 155; Buchheim 1997, S. 14.
[168]Kieser 1988, S. 316-318.
[169]Ambrosius 1996, S. 348-351; Kieser 1988, S. 318.
[170]Wischermann 1993, S. 249; Kieser 1988, S. 318; dagegen: Schenk 1992, S. 371.
[171]Neoklassische Modelle sind, nach Albert, so angelegt, dass sie in sich logische Zusammenhänge schaffen, eine Überprüfung ihrer Theorie durch empirische Nachweise aufgrund ihres Aufbaus aber nicht mehr möglich ist; dadurch haben sie sich gegen Tatsachen immunisiert. Albert 1972, S. 417.
[172]Terberger 1994, S. 44-45.
[173]Kosellek 1987, S. 176.
[174]Pollard 1984, S. 18-19; Kocka 1976, S. 126-129; Teichova 1976, S. 133-134.

Gerade Max Weber habe aber gezeigt, dass diese Verhaltensweise selbst erst das Ergebnis eines historischen Prozesses gewesen ist, die Theorie von North also letztlich auf einem falschen Menschenbild beruhe.[175]

- Es handele sich bei der „New Economic History" nicht um eine Theorie der Moderne, sondern um eine Theorie in der Moderne, welche die internen Mechanismen des Subsystems Wirtschaft, nicht aber die Funktion des Subsystems Wirtschaft als Teil der Gesamtgesellschaft und ihrer innewohnenden Entwicklung erklären könne.[176] Sie liefere nicht die Erklärung für den Wandel von Wirtschaftsordnungen, sondern für den Wandel von Elementen in einer Wirtschaftsordnung, welche sie selbst für konstitutiv halte.[177] Es gehe also darum, die Theorie von North als einen kleinen Teil einer umfassenden Theorie der Gesellschaft einzuordnen.[178]

- Zudem, und das sei für Wirtschaftswissenschaftler von Bedeutung, führe die Neue Institutionen Ökonomie dazu, dass der Ökonom im Gegensatz zur Neoklassik kein allgemeines logisch einwandfreies Effizienzkriterium mehr in der Hand habe.[179]

---

[175] Wischermann 1993, S. 255; Ambrosius 1996, S. 348-351; Kocka 1976, S. 126-129; Teichova 1976, S. 133-134; Rostow 1982, S. 301.
[176] Plumpe 1997, S. 16.
[177] Ambrosius 1996, S. 348-351.
[178] Milward 1976, S. 131-132.
[179] Richter/Furubotn 1996.

Erstes Zwischenergebnis

Wie eingangs dargestellt, setzt die neoklassische Theorie in ihren Modellen sehr unrealistische Annahmen über das reale wirtschaftliche Geschehen als Grundlage ihrer Analysen voraus.[180] Das ist der Ausgangspunkt der von North entworfenen „New Economic History". Unter Beibehaltung der Annahme des bedingt-rational handelnden homo oeconomicus erweitert er die neo-klassische Theorie um den Property-Rights-Ansatz, die Prinzipal-Agent-Theorie, die Transaktionskostentheorie, eine Theorie des Staates und um weitere Gesichtspunkte, die deutlich machen, dass das institutionelle Arrangement einer Gesellschaft für den ökonomischen Prozess als das Ergebnis menschlichen Handelns und des institutionellen Wandels wesentlich ist.[181]

Unter Voraussetzung einer gegebenen entwickelten Marktwirtschaft und weiteren definierten Vorannahmen, gelingt es North mit diesem Instrumentarium im Gegensatz zur klassischen Theorie tatsächlich weitreichendere Erkenntnisse zu gewinnen. Zudem kann auch die moderne Wirtschaftsgeschichte in diesen Bereichen von seiner Theorie einer institutionalistischen Transaktionskostenanalyse profitieren.

Bei dem Versuch mit diesem theoretischen Instrumentarium historische Prozesse oder Ereignisse von vormodernen Gesellschaften zu erklären, scheitert North dann allerdings. Empirische Untersuchungen zeigen, dass sich die Geschichte nur mit Mühe in sein Theoriekorsett pressen lässt.

North hat sich der Kritik gestellt, sie zum Teil angenommen und seine Theorie um den Aspekt der Pfadabhängigkeit des institutionellen Wandels erweitert. Auf den ersten Blick scheint dies ein erkenntnistheoretischer Fortschritt zu sein. Es zeigt sich aber, dass North diesen Gesichtspunkt bei seiner eigenen Theorie außen vor lässt. Es ist an dieser Stelle nämlich nicht einsichtig, wieso er seine Grundannahme des bedingt-rational handelnden Menschen und sein theoretisches Instrumentarium nicht auch auf den Prüfstand gezogen und im Hinblick auf ihre eigene historische Entwicklung untersucht hat. Aus Sicht der Northschen Theorie wäre das allerdings

---

[180] North 1993, S. 15.
[181] Tatsächlich, so North, hat sich der Horizont der neo-klassischen Theorie in dieser Hinsicht in den letzten Jahren geweitet. North 1997, S. 412-413.

auch nicht ratsam: sie würde sich nämlich ihrer eigenen Grundlage berauben und ihre eigenen Grenzen aufzeigen.[182]

Die Theorie von North ist ein Produkt der modernen theoretischen Wirtschaftswissenschaft und mit ihrem Instrumentarium in der Lage, ökonomische Geschehnisse im Subsystem Wirtschaft als Teil der Gesellschaft zu erfassen. Was sie nicht kann, jedenfalls nicht ohne der Geschichte verzerrende Gewalt anzutun, ist eine Erklärung der historischen Entwicklung der Gesamtgesellschaft oder ihrer selbst zu liefern. Hilfe zu Problemstellungen in vormoderner Zeit wird sie nur unter streng definierten Voraussetzungen und stets mit Blick auf ihre historische „Unangemessenheit" geben können.

In ihrem Versagen liegt meiner Meinung nach aber auch ein Gewinn. Es wird deutlich, dass eine neo-klassische Theorie trotz der Modifikationen durch North nicht in der Lage ist, reale wirtschaftliche Phänomene angemessen zu erklären – das sollte man bei aktuellen wirtschaftspolitischen Entscheidungsprozessen vielleicht im Hinterkopf behalten. Außerdem ergibt sich daraus die Anforderung an andere theoretische Modelle der Wirtschaftsgeschichtsschreibung die Kontingenz historischer Entwicklungen angemessen zu berücksichtigen.[183]

---

[182]Dies wird auch von North letztlich eingestanden, ohne dabei aber Konsequenzen in Bezug auf seine Theorie zu ziehen. North 1992, S. 167f.
[183]Plumpe 1997, S. 17.

WERNER SOMBART

Eine kurze Einführung

Werner Sombart wurde am 19. Januar 1863 in Ermsleben als dritter Sohn des Ehepaars Clementine, geborene Liebelt, und Anton Ludwig Sombart geboren. Er erhielt bis 1875 Privatunterricht, danach besuchte er das Wilhelmgymnasium in Berlin und später das Gymnasium in Schleusingen, an dem er 1882 das Reifezeugnis erlangte.[184] Nach dem Abitur begann er das Studium der Jurisprudenz in Pisa, welches er nach zwei Semestern in Berlin fortsetzte, wo er 1885 das erste juristische Staatsexamen ablegte. Daneben studierte er in Berlin und Rom Staats- und Wirtschaftswissenschaften, Geschichte und Philosophie.[185] Während seiner Studienzeit belegte er unter anderem Seminare bei Adolph Wagner und Gustav Schmoller, bei dem er 1888 auch promovierte.[186]

Von 1888 bis 1890 war Sombart Syndikus der Handelskammer in Bremen, von 1890 bis 1906 hatte er ein außerordentliches Ordinariat der staatswissenschaftlichen Fakultät an der Universität in Breslau inne, von 1906 bis 1917 war er Professor an der Handelshochschule in Berlin und von 1917 bis 1931 Professor an der Universität Berlin.[187]

Sombart verfolgte außerdem eine Reihe von publizistischen, öffentlichen und gesellschaftlichen Tätigkeiten. Seit 1892 war er Vorstand im Verein für Sozialpolitik; 1896 wurde er in das Breslauer Stadtparlament gewählt; 1901 wurde er Vorsitzender im Verein für soziale Reform;[188] 1904 gründete er zusammen mit Edgar Jaffé und Max Weber das Archiv für Sozialwissenschaft und Sozialpolitik;[189] er war Mitbegründer des 1905 gegründeten „Bund für Mutterschutz"; seit 1907 war er Herausgeber des „Morgen", Wochenzeitschrift für deutsche Kultur;[190] er gehörte zum Rat der 1909 von ihm mitbegründeten Deutschen Gesellschaft für Soziologie; seit 1932 war er Vorsitzender des Vereins für Sozialpolitik und seit 1933 auch Mitglied

---

[184]Lenger 1994, S. 28ff.
[185]Brocke 1987b, S. 15f.
[186]Lenger 1994, S. 38.
[187]Lenger 1994, S. 256.
[188]Lenger 1994, S. 58.
[189]Lindenlaub 1967, S. 280.
[190]Lenger 1994, S. 154f.

der preußischen Akademie der Wissenschaften.[191] Am 18. Mai 1941 starb Werner Sombart im Alter von 78 Jahren in Berlin.[192]

Sombart gehörte zu den sozial und intellektuell zentralen Figuren der frühen deutschen Soziologie,[193] zu deren Gründungsvätern er neben Max Weber, Ferdinand Tönnies, Robert Michels und Georg Simmel gezählt wird.[194] Obwohl er selbst der Meinung war, dass seine Arbeiten missverstanden und unbeachtet geblieben sind[195] – am Ende seines Lebens sah er seine wissenschaftlichen Bemühungen als gescheitert an[196] – hatten Sombarts Hauptwerke doch eine große Resonanz, was deren Auflagenzahlen bestätigen.[197] In Italien wurden die Werke Sombarts sehr intensiv besprochen[198] und auch in Amerika wurden sie von namhaften Wissenschaftlern rezensiert.[199] M. J. Plotnik verfasste sogar ein eigenständiges Werk, um dem englisch sprechenden Publikum die Ideen der Sombartschen Nationalökonomie näherzubringen,[200] welche dort aber aufgrund seiner idealistischen deutsch-konservativen Haltung und seiner Nähe zu nationalsozialistischem Gedankengut zumeist auf Ablehnung stießen.[201]

Richtig ist allerdings, dass sich sein Gesamtwerk trotz Anerkennung in der Fachwelt wissenschaftlich nicht hat durchsetzen können.[202] Letztlich blieb er Einzelgänger, wahrscheinlich nicht zuletzt wegen seiner Schwierigkeiten im zwischenmenschlichen Bereich.[203] Eine eigene wissenschaftliche Schule konnte er nicht gründen.[204] Er unterstützte Max Weber im Werturteilsstreit,[205] bot dann in Einzelfragen aber Problemlösungen an, die dem Weberschen Ideal der „wissenschaftlichen Objektivität" in keinster Weise entsprachen.[206]

---

[191]Brocke 1972, S. 136ff.
[192]Schmidt 1991, S. 258.
[193]Käsler 1984, S. 423.
[194]Appel 1992, S. 18.
[195]Ebenda.
[196]Tiburtius 1964, S. 294.
[197]Appel 1992, S. 67-68.
[198]Appel 1992, S. 189ff.
[199]Commons/Perlman 1929, S. 78-90; Parsons 1928, S. 303-328.
[200]Plotnik 1937, S. 5.
[201]Appel 1992, S. 192; Mitzman 1973, S. 135.
[202]Appel 1992, S. 188.
[203]Rüstow 1941, S. 392-393; Schmidt 1991, S. 258.
[204]Brocke 1987b, S. 57; Appel 1992, S.10; Kuczynski 1968; S. 59.
[205]Weber (a) 1904, S. 146-214.
[206]Surányi-Unger 1928, S. 168; Brocke 1972, S. 136.

Schon seit seiner Kindheit hatte Sombart starke künstlerisch-ästhetische Neigungen, welche in seinen Werken auch immer zum Ausdruck kamen.[207] Seine dadurch geprägte Arbeitsweise – lockerer Umgang mit den Quellen, das Ignorieren von Unstimmigkeiten, skizzieren anstelle zu analysieren – wurde zumeist verurteilt;[208] sein Bemühen ästhetisch zu sein und seine l`art-pour-l`art-Auffassung fanden nur wenig Resonanz.[209] Mit zunehmendem Alter fand Sombart Gefallen daran, dem Neuen den Vorzug vor der Wahrheit zu geben,[210] oder in seinen eigenen Worten:

„Und es kommt gar nicht so sehr darauf an, dass diese Theorien ‚richtig' sind. Ich zweifle nicht, dass die Feststellungen v. Belows alle viel ‚richtiger' sind als die Bücherschen. Aber mit der bloßen ‚Richtigkeit' lockt man keinen Hund vom Ofen. Neu müssen Ideen sein oder wenigstens als solche erscheinen."[211]

Nachdem sich Sombart in den Neunzigerjahren des 19. Jahrhunderts als eine der wenigen Ausnahmen unter den bürgerlichen Intellektuellen[212] mit den Werken von Marx beschäftigt hatte,[213] wurde er von konservativer Seite schon früh als Sozialdemokrat betrachtet.[214] Sein im ersten Weltkrieg erschienenes Werk „Händler und Helden"[215] gilt dagegen als Paradebeispiel für die von den deutschen Gelehrten betriebene Kriegsagitation im ersten Weltkrieg.[216] Und auch sein 1924 aufgelegter „Proletarischer Sozialismus"[217], das Standardwerk aller Gegner des Marxismus und des liberalen Kapitalismus,[218] zeigt, dass Sombart seit dem ersten Weltkrieg eine deutsch-nationale und anti-westliche Gesinnung vertrat.[219]

Dieser Gesinnungswechsel Sombarts muss meines Erachtens im Zusammenhang mit der Ideologie des deutschen Sonderwegs verstanden werden, welche die deutschen Historiker im anti-liberalen und anti-

---

[207] Brocke 1987b, S. 15; Eckert 1928, S. 298; Mitscherlich 1930, S. 489.
[208] Braunthal 1928, S. 269; Brinkmann 1941, S. 3; dagegen: Schumpeter 1927, S. 205.
[209] Appel 1992, S. 181-184.
[210] Brinkmann 1941, S. 3.
[211] Sombart 1920, S. 90.
[212] Bruch 1985, S. 64.
[213] Lenger 1994, S. 78ff.
[214] Lenger 1994, S. 50ff.
[215] Sombart 1915.
[216] Lenger 1994, S. 246.
[217] Sombart 1924.
[218] Brocke 1987b, S. 51.
[219] Appel 1992, S. 189ff.

westlichen Konsens vereinte.[220] Seine nationalistische Glorifizierung des Heldentums und der Gemeinschaft führte ihn schließlich sogar in die Nähe des Nationalsozialismus.[221] Nicht wenige Kritiker meinen deshalb, dass er wie viele andere Konservative Hitler den Weg geebnet habe.[222]

Letztlich könne Sombart als Paradebeispiel für diejenigen deutschen Soziologen gelten, welche aufgrund ihres Herkunftsmilieus und ihrer akademischen Sozialisation unfähig waren, die kulturellen, politischen, gesellschaftlichen und ökonomischen Veränderungsprozesse in Deutschland zu begreifen und so dem zur Herrschaft kommenden Nationalsozialismus hilflos bis anfällig gegenüberstanden.[223]

Der Aufbau von „Der moderne Kapitalismus"

Die erste Auflage des „Modernen Kapitalismus", der wichtigsten und umfangreichsten Arbeit von Werner Sombart, bestand in ihrem Erscheinungsjahr 1902 aus zwei Bänden mit jeweils fast siebenhundert Seiten. Vierzehn Jahre später, 1916, erschien dann die völlig überarbeitete[224] zweite Auflage des „Modernen Kapitalismus", unterteilt in zwei Bände mit jeweils zwei Halbbänden. 1927 folgte ein dritter Band, auch wieder in zwei Halbbänden herausgegeben.[225] Jeder dieser drei Bände umfasst ungefähr eintausend Seiten. Die ungeheure Fülle des verarbeiteten Stoffes ist mehr als eindrucksvoll. Ich will an dieser Stelle deshalb gar nicht erst versuchen, sie inhaltlich zusammenzufassen. Wahrscheinlich wäre es leichter, alle Themen aufzuführen, die Sombart *nicht* untersucht hat. Stimmen wir also einfach Edgar Salin zu, wenn er schreibt:

„Gäben der Reichtum des verarbeiteten Stoffes und die Fülle funkelnder Gedanken allein den Ausschlag für die Beurteilung eines solchen Werkes, so könnte kein Zweifel sein, dass Sombarts Leis-

---

[220]Appel 1992, S. 23; dazu ausführlicher: Faulenbach 1980 und Ringer 1969.
[221]Mitzman 1988, S. 144.
[222]Brocke 1987a, S. 53; Schefold 1987, S. 422; Waibl 1989, S. 133; Loader 1991, S. 427; ebenso, allerdings meines Erachtens Sombarts Nähe zum Faschismus etwas übertreibend: Krause 1961, S. 534 und Krause 1962, S. 171.
[223]Käsler 1984, S. 431; Krohn 1981, S. 179-180.
[224]Sombart 1987, S. XI.
[225]Ausführliche Literaturverzeichnisse finden sich bei Brocke 1987a; Appel 1992; Backhaus 1996 und Lenger 1994.

tung zu den gigantischsten aller Zeiten gerechnet werden müsste."[226]

Im Folgenden sollen deshalb nur diejenigen Gesichtspunkte seiner Werke untersucht werden, die einen Beitrag hinsichtlich der Methodenfragen in der Wirtschaftsgeschichte leisten.

Wirtschaft

Sombart versteht unter dem Begriff Wirtschaft den Bereich der menschlichen Tätigkeiten und Einrichtungen, der sich auf die Unterhaltsfürsorge erstreckt.[227] Als Theorie sei sie für ihn Wirtschaftssoziologie und damit Teil der Nationalökonomie. Drei Arten von Ideen würden dabei das System der Wirtschaftssoziologie begründen: die Grundidee, die Gestaltidee und die Arbeitsidee.[228]

Die Grundidee bestimme und begrenze die jeweiligen Sphären der Kultur. Für die Wirtschaftssoziologie sei die inhaltsbestimmende und abgrenzende Idee die der Wirtschaft in dem oben bestimmten Sinne. Sie umfasse drei Bestandteile:

- Die Wirtschaftsgesinnung, also Zwecksetzungen, Beweggründe und Verhaltensregeln von Menschen.

- Geordnetheit, das heißt die Form des Wirtschaftslebens, ihre Institutionen.

- Die Technik, den Stoff des wirtschaftlichen Handelns.[229]

Eine Grundidee reiche aber nicht aus, um eine Wissenschaft zu begründen, sondern es sei auch notwendig, ihr ein System zu geben.

„Die Idee der Wirtschaft ist ein raum- und zeitloser Vernunftbegriff: sie erfasst ungestalteten Geist. Nun ist aber ‚Wirtschaft' im Sinne von Wirtschaftsleben ein räumlich und zeitlich gebundener Tatsachenkomplex. Alle Kultur, und somit auch alle Wirtschaft, wenn sie wirklich ist, ist Geschichte. Die Idee der Wirtschaft konkretisiert sich also immer in bestimmten, historischen Erscheinun-

---

[226]Salin 1927, S. 320.
[227]Sombart 1931a, S. 652; ders. 1960, S. 27.
[228]Sombart 1931a, S. 652.
[229]Sombart 1931a, S. 653.

gen. Die Wirtschaft in der Geschichte nimmt stets Gestalt an; ist gestalteter Geist."[230]

Um nun eine bestimmte Wirtschaft in ihrer speziellen Eigenart zu erfassen, müsse man sich einer Idee bedienen, welche in der Lage sei, ihren Stoff in Systeme zu ordnen und sich unmittelbar aus der Idee der Wirtschaft ableite. Für Sombart ist dies die Idee des Wirtschaftssystems, welches alle Bestandteile einer Wirtschaft enthalte und in jeweils bestimmter Gestaltung darstellen könne. Der Begriff des Wirtschaftssystems sei bestimmt genug, um ein konkretes historisches System zu erfassen, andererseits aber auch allgemein genug, um alle denkbaren Wirtschaftsverfassungen einzuschließen.[231]

Jede Gestaltung des Wirtschaftslebens bestehe außerdem aus einer Kombination der folgenden Gesichtspunkte:

- 1. Subjektiver Geist
    a. Bedarfsdeckungsprinzip - Erwerbsprinzip
    b. Traditionalismus - Rationalismus
    c. Solidarismus - Individualismus
- 2. Form (Regelung und Ordnung)
    a. Gebundenheit - Freiheit
    b. Privatwirtschaft - Gemeinwirtschaft
    c. Demokratie - Aristokratie
    d. Geschlossenheit - Aufgelöstheit
    e. Bedarfsdeckungswirtschaft - Verkehrswirtschaft
    f. Individualbetriebe - gesellschaftliche Betriebe
- 3. Technik (Verfahren)
    a. Empirisch - wissenschaftlich
    b. Stationär - revolutionär
    c. Organisch - nichtorganisch.[232]

Zusätzlich verwendet Sombart sogenannte Arbeitsideen, die sich von gewöhnlichen Arbeitshypothesen durch ihre umfassende Geltung und ständige Verwendung unterscheiden:[233]

---

[230]Ebenda.
[231]Sombart 1931a, S. 653-654.
[232]Sombart 1931a, S. 657.
[233]Sombart 1931a, S. 657-658.

- Ideen zur Erfassung der Zuständigkeit des Wirtschaftslebens beziehungsweise der zweckmäßigen Anordnung der Phänomene in der Zeit,
- Ideen zur Erfassung der ökonomischen Verbundenheit beziehungsweise der Anordnungen der Erscheinungen im Raum und
- Wertideen.

Die Ordnung des Wirtschaftslebens

Ebenso wie North vertritt auch Sombart die Meinung, dass das institutionelle Set, im Sombartschen Sprachgebrauch die Ordnung oder Form des Wirtschaftslebens, eine bedeutende Rolle für die Ausgestaltung der Wirtschaft einer Gesellschaft spielt. Um sie zu unterscheiden verwendet er erneut ein Dreiteilung:

- Der Verband, in dem sich Wirtschaft abspiele, schaffe eine Ordnung (Regulierung).
- Das Wirtschaftssubjekt schaffe eine Ordnung (Organisierung).
- Die Wissenschaft schaffe ebenso eine Ordnung (Systematisierung).[234]

Die Ordnung durch Organisierung unterscheide sich von der Ordnung durch Regulierung dadurch, dass sie das Werk von wirtschaftlich handelnden Subjekten sei – allerdings eingebettet und bestimmt durch die Wirtschaftsordnung, welche nur die Möglichkeit wirtschaftlichen Handelns enthalte. Das wirtschaftliche Handeln selbst vollziehe sich durch unzählige Betriebe in der Wirtschaftsordnung.

„Unter Organisieren können wir die bewusste und planmäßige Vornahme verstehen, durch die Menschen zu gemeinsamer Tätigkeit einheitlich zusammengefasst werden; unter Organisation entweder diesen Vorgang des Organisierens oder dessen Ergebnis."[235]

Die Organisationsprinzipien einer Gesellschaft würden dabei ausschließlich auf Spezialisation und Kooperation beruhen.[236]

---

[234]Sombart 1927, S. 1-2.
[235]Sombart 1927, S. 3-4.
[236]Sombart 1927, S. 34.

Zur Frage der Systematisierung durch die Wissenschaft führt Sombart aus, dass das Wirtschaftsleben als Bereich des Kulturlebens mittels der Idee der Wirtschaft abgegrenzt werden kann, wobei diese Idee ein raum- und zeitloser Vernunftbegriff sei. Es gebe zwar auch die Wirtschaft als ein tatsächliches Wirtschaftsleben, welche sich historisch manifestiert habe, zwischen diesen beiden müsse allerdings unterschieden werden. Es gebe demnach also keine abstrakte Wirtschaft, sondern immer nur eine historisch besondere Wirtschaft. Aufgabe der Kulturwissenschaft sei es nun, die von ihr bearbeitete Kulturerscheinung in ihrer geschichtlichen Besonderheit zu erfassen, durch Heraushebung ihrer historischen Konkretheit ihre Stellung in der Geschichte zu bestimmen und sie in ihrer Eigenart von anderen Konkretisierungen derselben Kulturidee zu unterscheiden. Das erreiche man, indem eine gestaltende Idee an den Tatbestand herangetragen wird. Diese Idee müsse im Falle der Wirtschaftswissenschaft das Wirtschaftsleben einer bestimmten Zeit bestimmen und es in seiner grundsätzlichen Eigenart von der Gestaltung der Wirtschaft in anderen Wirtschaftsepochen unterscheiden. Sie müsse die Ganzheit des wirtschaftlichen Lebens erfassen, also Wirtschaftsgesinnung, Ordnung und Technik bestimmen können.[237]

Eine Systematisierung aufgrund der Idee der Volkswirtschaft, des Zustandes der Produktion oder der Länge des Absatzweges lehnt Sombart ab.[238] Er unterscheidet zwischen nicht-kapitalistischen (früheren eigenwirtschaftlichen, handwerklichen oder sozialistischen) und kapitalistischen Wirtschaftssystemen, wobei er weiter in Früh-, Hoch- und Spätepochen unterteilt. Allerdings sieht Sombart keinen gesetzlichen Ablauf der Wirtschaftssysteme; die Aufeinanderfolge der Wirtschaftssysteme sei nicht notwendig bestimmt.[239]

Unter der Regulierung des Wirtschaftslebens versteht Sombart schließlich das, was uns bei North als das institutionelle Set einer Gesellschaft begegnet.[240] Das wirtschaftliche Handeln einzelner Menschen vollziehe sich in einer Wirtschaftsordnung, die durch bestimmte Sätze oder Normen gekennzeichnet ist. Dadurch werde bestimmt:

- wer die Wirtschaftssubjekte in einer Wirtschaftsverfassung sind,
- wie die Eigentumsrechte der Wirtschaftssubjekte ausgebildet sind,

---

[237]Sombart 1927, S. 4-5.
[238]Sombart 1927, S. 14.
[239]Sombart 1927, S. 30-32.
[240]North 1992, S. 3-12.

- wie sich das Verhältnis der Wirtschaftssubjekte zu anderen Personen gestaltet,
- ob die wirtschaftenden Personen durch Verträge oder anders miteinander verbunden sind,
- ob die Wirtschaft von Freien oder Unfreien ausgeführt wird,
- in welcher Form man den Menschen die Güter zum Verzehr zuführt,
- wie das wirtschaftliche Einkommen verteilt wird,
- wie ein Geschäft abgeschlossen wird und anderes mehr.

Darüber hinaus unterscheidet Sombart die verschiedenen der Normen, die das Verhalten von Personen bestimmen:

- Rechtsordnung: alle durch einen Zwangsapparat erzwingbare Normen.
- Konventionalordnung: die Innehaltung wird durch Billigung oder Missbilligung innerhalb eines bestimmten Personenkreises erzwungen, in dem sich die Handlung vollzieht.
- Sittenordnung: Verhalten aus Gewohnheit und unreflektierter Nachahmung.

Die Einzelbestimmungen einer Rechtsordnung ergeben schließlich ein bestimmtes wirtschaftliches System, welches Sombart in seiner grundsätzlichen Eigenart erfassen will.[241]

Kapitalismus

Wie bereits dargestellt, konstituiert sich für Sombart ein jeweiliges Wirtschaftssystem – bestehend aus Wirtschaftsgesinnung, Wirtschaftsordnung und der Technik – aus einer Kombination von verschiedenen Aspekten, welche für die Gestaltung eines Wirtschaftslebens prägend sind. Für den Kapitalismus ergibt sich daraus folgendes Bild:

---

[241]Sombart 1927, S. 2-3.

I. Die Wirtschaftsgesinnung

- Das beherrschende Wirtschaftsprinzip im Kapitalismus sei das Erwerbsprinzip. Nur der Geldgewinn sei Zweck jedes wirtschaftlichen Handelns. Im Mittelpunkt des Wirtschaftens stehe nicht mehr der Mensch, sondern das Sachvermögen. Im Verwertungsstreben des Kapitals komme dies zum Ausdruck. Drei unterschiedliche Erwerbsarten würde man hierbei vorfinden: Es herrsche zum einen der schrankenlose Erwerb. Das hat für Sombart einen negativen und einen positiven Aspekt: Weil kein Endpunkt vorhanden sei, müsse immer weiter und weiter gewirtschaftet werden, ohne das jemals ein Ende abzusehen ist. Andererseits komme auf diese Weise die Kraft des Kapitalismus erst richtig zur Entfaltung, da jeder Unternehmer zur ständigen Ausweitung seiner Geschäfte gezwungen wird. Es gelte zudem der unbedingte Erwerb. Wirtschaftliches Denken greife auf alle Gebiete der menschlichen Kultur über und alles werde zum Produktionsprozess zugehörig empfunden: der Mensch sei nur noch Arbeitskraft, die Natur nur Produktionsmittel, Ideale seien in der Wertschätzung der Menschen verschwunden. Der schrankenlose und unbedingte Erwerb arte am Ende in den rücksichtslosen Erwerb aus. Jede Beschränkung moralischer oder gemütlicher Art falle weg, und ausschließlich der Erwerbstrieb gelange zur Alleinherrschaft.

- Das zweite Wirtschaftsprinzip sei der Individualismus. Dies entspreche einer Geisteshaltung, nach welcher der einzelne als Wirtschaftssubjekt versuche, seine Wirkungssphäre so weit es geht zu erweitern – ohne Rücksicht auf andere und auch ohne Rücksicht von anderen zu erwarten. Der einzelne bleibe stets auf sich allein gestellt.

- Als drittes Wirtschaftsprinzip bezeichnet Sombart den ökonomischen Rationalismus. Er äußere sich in kapitalistischen Organisationen in dreifacher Weise. Jede Einzelwirtschaft in einem kapitalistischen System verhalte sich nach weitausschauenden Plänen. Immer werde die Zweckmäßigkit der Mittelwahl erstrebt, und stets gelte das Prinzip der Rechnungsmäßigkeit. Letztere beziehe sich dabei auf den gesamten Umfang des Geschäfts. In der Produktion sei die Einführung rationeller Verfahrensweisen typisch. Beim Güterabsatz gelte es, die zweckmäßigste Beschaffung der Produktionsmittel und die rationalste Verwertung der Waren zu erreichen. Am Ende werde jedes Kulturgebiet ergriffen, welches mit der Wirtschaft in irgendeinem Zusammenhang steht. Dies führe schließlich zu einer wesentlich zweckmäßigen Wertung von Menschen, Dingen und Lebensvorgängen überhaupt.

II. Die Form des Wirtschaftslebens

- Die kapitalistische Wirtschaftsordnung sei grundsätzlich frei, das bedeutet, dass die Schranken für den Einzelnen durch Recht oder Sitte an den äußersten Rand gedrückt worden sind. Die wirtschaftliche Freiheit werde als Inbegriff subjektiver Freiheitsrechte verstanden.

- Es handele sich immer um eine Privatwirtschaft, das Risiko des wirtschaftlichen Erfolgs oder Misserfolgs liege stets beim einzelnen Unternehmen, von dem auch die wirtschaftliche Initiative ausgehen müsse.

- Die Struktur der kapitalistischen Wirtschaft beschreibt Sombart als aristokratisch. Im Vergleich zu der Gesamtheit aller am Wirtschaftsleben überhaupt beteiligten Personen, sei die Menge derjenigen, welche als Wirtschaftssubjekte bezeichnet werden können, eher gering, weil die meisten nicht begabt oder begütert genug seien, um eine solche Rolle auszufüllen.

- Die kapitalistische Wirtschaft sei eine aufgelöste, das heißt, es herrscht Berufsspezialisation und Funktionenverteilung. Die Spezialisation erfolge dabei nicht im Hinblick auf die vom Individuum bereitgestellte persönliche Fähigkeit, sondern auf die vom Produktionsprozess erforderte Tätigkeit.

- Als letzten Punkt nennt Sombart die für den Kapitalismus typische Produktion aller Waren für den Markt. Der Kapitalismus beruhe auf einer verkehrswirtschaftlichen Grundlage.

III. Die Technik des Kapitalismus

- Ein hoher Grad an Produktivität sei die Voraussetzung eines kapitalistischen Systems. Ohne einen Mindestgrad an Produktivität sei eine kapitalistische Organisation nicht möglich. Erst damit könne der Profit des kapitalistischen Unternehmers steigen, und so die kapitalistische Expansion fortschreiten.

- Um seinen Absatz zu erweitern, und hier seien qualitative Aspekte von Bedeutung, benötige der Unternehmer Verfahrensweisen, welche ständig zur Verbesserung und Vervollkommnung der Produkte beitragen. Das wissenschaftlich-anorganische Verfahren erfülle diese Voraussetzungen. Es baue dabei auf der Durchbrechung der Schranken der Natur. Diese Technik sei eine revolutionäre Technik,[242] und die Grundideen dieser Technik seien der kapitalistischen Wirtschaft entsprechend. Die „Durchdringung der Technik mit rationalistischem Geiste" sei „nur die Anwendung der ökonomischen Prinzipien der kapitalistischen Organisation auf den technischen Prozess."[243]

Die treibende Kräfte des Wirtschaftslebens

Obwohl objektive Begebenheiten wie die Rechtsordnung, die Technik oder die Bevölkerungsvermehrung für den Verlauf des Wirtschaftslebens als notwendige Bedingungen angesehen werden müssen, sei es doch nicht statthaft, diese als treibende, veranlassende oder bestimmende Kräfte des Wirtschaftslebens darzustellen. Die Rechtsordnung weise durch Verhaltensmaßregeln den „wandernden Menschen" nur die Richtung ihrer „Wanderung". Die Erfahrung habe nämlich gelehrt, dass ein wirtschaftlicher Rechtszustand gar nichts bewirke, solange es keine Menschen gebe, welche diesen zu nutzen in der Lage seien. Ebenso die Technik; auch sie könne theoretisch zur Verfügung stehen, werde aber nicht genutzt, wenn die Bevölkerung eines Landes von dieser Möglichkeit keinen Gebrauch machen wolle. Die Bevölkerungsvermehrung könne zwar Veranlassung zur Völkerwanderung, zur Besiedlung neuer Länder und zur Ersinnung neuer Wirtschaftsweisen sein, aber wie am Beispiel China oder Indien zu sehen sei, könne sie ebenso gut nur zur Überfüllung und zu Elend führen.

„Was [die treibende Kraft; M.W.] ist, geht aus den bisherigen Betrachtungen schon von selbst hervor: es ist der lebendige Mensch mit seinen Strebungen, seinen Zielsetzungen, seinen Willensregungen; der lebendige Mensch mit seinen Gedanken und Leidenschaften."[244]

---

[242]"Stationär ist eine Technik, wenn die in ihr zur Anwendung kommenden Verfahrensweisen sich nur in langen Zeiträumen – höchstens im Verlaufe einer Generation – und auch dann nur in seltenen Fällen grundsätzlich verändern; revolutionär, wenn im Gegenteil die Regel der häufige Wandel der Verfahrensweisen, auch und gerade in grundsätzlicher Hinsicht, ist." Sombart 1931a, S. 657.
[243]Sombart 1931b, S. 258-261; ders 1925, S. 1-26.
[244]Sombart 1987, Band III/1, S. 9.

Zur Erklärung historisch-bestimmter Wirksamkeiten reiche es nun aber nicht aus, nur die menschlichen Motive aufzudecken. Durch eine rationalistische Erfassung dieser Motive könne zwar die immer gleiche Struktur der menschlichen Gesellschaft erklärt werden, nicht aber „ein besonderes Geschehen in einer besonderen Spanne Zeit der Geschichte."[245] Um dieses zu leisten, müsse eine Aufdeckung der historisch einzigartigen Beweggründe erfolgen. Wo diese Beweggründe eine Massenerscheinung wie einen wirtschaftlichen Zustand erklären sollen, sei zu erwarten, dass sie in Verdichtung auftreten und dass sich als Träger bestimmte Gruppen der Bevölkerung erkennen lassen. Um Wirksamkeit auszuüben, „müssen sie die entscheidenden, vorwiegenden, überlegenden, übermächtigen, prävalanten sein."[246] Innerhalb dieser von prävalanten Motiven beherrschten Gruppen gelte nun die Regel, „dass einige wenige führen, die große Masse geführt wird."[247]

Der Widerspruch, dass der Wille einiger Hervorragender als Ausdruck eines Massenwillen zu verstehen sei, löse sich auf, wenn das geschichtliche Geschehen als eine unausgesetzte Spannung zwischen dem starken Einzelwillen und seiner Verallgemeinerung im Massenwillen begriffen werde. Deshalb sei überhaupt die Möglichkeit gegeben, nach mehr demokratisch-kollektivistisch-traditionalistisch und mehr aristokratisch-individualistisch-revolutionär gestalteten Wirtschafts- und Geschichtsverfassungen zu unterscheiden.[248] Dementsprechend ergibt sich für Sombart, dass jeweils prävalante Triebkräfte in den verschiedenen Epochen jeweils Ausdruck in einer bestimmten Personengruppe, den Wirtschaftsführern, finden:

- Im Mittelalter sind das auf dem Lande die Grundherren und ihre Vögte, die Bauernältesten und die Klosterherren; in der Stadt die patrizischen Kaufherrn, hervorragende Zunftälteste und energische Stadträte.

- Im Frühkapitalismus handelte es sich um eine Gruppe unternehmender Geschäftsmänner aus allen Schichten der Bevölkerung; besonders sind hier aber energische Fürsten und deren leitenden Beamten zu nennen.

- Im Hochkapitalismus rekrutiert sich die prävalante Personengruppe ausschließlich aus der kapitalistischen Unternehmerschaft. Nur

---

[245]Ebenda.
[246]Sombart 1987, Band III/1, S. 10.
[247]Ebenda.
[248]Sombart 1987, Band III/1, S. 6-10.

der kapitalistische Unternehmer hat in den Augen von Sombart schaffende, schöpferische Kraft. Alle anderen Produktionsfaktoren wie Arbeit oder Kapital sind dagegen von ihm abhängig und nicht in der Lage, selbst schöpferisch tätig zu werden.[249]

Wirtschaft und Wissenschaft

Weil jede Wirtschaft Ausdruck der menschlichen Kultur ist, sieht Sombart die Wirtschaftswissenschaft stets als Geisteswissenschaft. Es sei ein Fehler gewesen, für die Naturwissenschaft fruchtbare Kategorien auf die Geisteswissenschaft zu übertragen. Wirtschaftswissenschaft sei in die falschen Bahnen naturwissenschaftlichen Denkens geraten und zur ordnenden Nationalökonomie geworden. Man habe den Fehler begangen, nach Gesetzen im naturwissenschaftlichen Sinne zu suchen und wirtschaftliche Erscheinungen zu elementarisieren, das heißt auf letzte Elemente und möglichst qualitätslose Größen zurückzuführen. Auf diese Weise seien allgemeine Gesetze, wie zum Beispiel das Grenznutzengesetz oder das Arbeitskostengesetz entstanden, aus welchen man dann weitere Spezialgesetze wie das Arbeitslohn- und Kapitalzinsgesetz abgeleitet hat. Augenfällig sei hier die Parallele zu den Gesetzen aus der Mechanik, besonders denen aus der Physik. Diese Übertragung ist nach Sombart aber aus den folgenden Gründen unzulässig:

- Da der Mensch einen freien Willen besitzt, sind Regelmäßigkeiten nicht zu ermitteln.

- Es existiert kein „Stoff", an dem eine Regelmäßigkeit festgestellt werden kann.

- Die Wirtschaft ist ein komplexes Gebilde, welches man nicht in seine Einzelbestandteile auflösen kann.

Tatsächlich brauche man auch gar nicht den Umweg über die Naturwissenschaften zu gehen, da alle Kultur Geist von unserem Geiste sei, wir also den Gegenstand im Gegensatz zur Betrachtung der Natur von innen zu sehen in der Lage seien. Der Mensch habe Einblick in den Sinn solcher Erscheinungen, könne sie „verstehen". Die der Wirtschaft angemessene

---

[249]Sombart 1987, Band III/1, S. 10-13.

Erkenntnisweise sei demnach nicht das „Begreifen", sondern das „Verstehen".[250]

Daraus könne aber nicht gefolgert werden, dass die „verstehende" Methode zu einer Reihe individuell verschiedener Deutungen, zum Subjektivismus führe oder dass sie nur Empirie und keine objektive Gesetzmäßigkeit kenne, also Theorie ablehne. Tatsächlich sei nur die Stellung der Theorie im Rahmen des Ganzen der Erkenntnis eine andere.

„Also: an ‚Wirtschaftsgesetzen', deren sich auch die verstehende Nationalökonomie bedient, fehlt es wahrlich nicht, nur sind sie anders strukturiert und haben deshalb auch eine grundsätzlich andere Bedeutung im Fortschritt der Erkenntnis als in der naturwissenschaftlich eingestellten ‚ordnenden' Nationalökonomie: sie stehen, so kann man es in einem Satz aussprechen, nicht am Ende, sondern im Anfang der Untersuchung. Sie bilden nicht deren Zweck, sondern sie dienen als Mittel, um den Endzweck der geistwissenschaftlichen Nationalökonomie: die wirtschaftlichen Zusammenhänge zu verstehen, besser verwirklichen zu können."[251]

Der Vorwurf, dass die „verstehende" Nationalökonomie reine Empirie und völlig theorielos ist, lässt Sombart auch in anderer Hinsicht nicht gelten. Wie jede Realwissenschaft müsse auch die Nationalökonomie wesensnotwendig eine Vereinigung von Theorie und Empirie sein, eine Gegenüberstellung dieser beiden sei demnach sinnlos. „Eine Nationalökonomie ohne Theorie ist blind, eine solche ohne Empirie leer."[252]

Auch wenn es neben historisch-ökonomischen Kategorien wie zum Beispiel der kapitalistischen Unternehmung oder der Kreditwirtschaft auch allgemeine ökonomische Kategorien wie den Güterbedarf, das Einkommen, den Ertrag usw. gebe, sei es nicht zulässig, diese Kategorien als rein ökonomische zu bezeichnen. Es gebe niemals eine „freie" oder „natürliche" Wirtschaft. Da Wirtschaft eine Kulturerscheinung sei, gehöre notwendigerweise immer auch eine menschliche Ordnung dazu, in der die staatliche Ordnung immer eine wesentliche Rolle spiele. Für Sombart ist

---

[250] Sombart unterscheidet zwischen der richtenden Nationalökonomie, welche Richtsätze und Normen für praktisches Verhalten gibt (Sombart 1930, S. 22-23), der ordnenden Nationalökonomie, welche nach allgemeingültigen Gesetzen sucht (Sombart 1930, S. 120-122), und der verstehenden Nationalökonomie, die in diesem Kapitel vorgestellt wird.
[251] Sombart 1938, S. 28.
[252] Sombart 1938, S. 29.

deshalb „alle Wirtschaft [...] politische Ökonomie".[253] Zudem sei es ein Denkfehler der (Neo-) Klassik, die kapitalistische Wirtschaft für die „natürliche zu halten" und aus den Augen zu verlieren, dass jede Wirtschaft immer historisch bedingt sei und man gerade die daraus resultierenden Besonderheiten erfassen müsse.

Darüber hinaus gehe die Abhängigkeit der Wirtschaftswissenschaften vom Wirtschaftsleben allerdings noch weiter, „sofern auch ihre Erkenntnisweise und Forschungsmethode im Einzelnen durch die historischen Formen des Wirtschaftslebens bedingt sind."[254] Es sei nicht nur für ein System als Ganzes, sondern auch für die drei Erscheinungsformen Früh-, Hoch- und Spätkapitalismus erkennbar, dass jeweils eine dem jeweiligen Wirtschaftsleben angepasste Wirtschaftswissenschaft betrieben worden sei.

Das Denken des Frühkapitalismus sei zum Beispiel organisch, dynamisch, produktionsproblematisch, aktivistisch usw. gewesen, das seiner Nachfolger dagegen mechanisch, statisch, materialistisch und passivistisch. Im Hochkapitalismus versuche nun die Wissenschaft, die Kategorien der Naturwissenschaften anzuwenden, weil dieser dadurch gekennzeichnet sei, dass er sich nach Art eines Naturprozesses abwickle. Aufgrund seiner Weiterentwicklung sei die klassische Nationalökonomie aber nicht mehr in der Lage, angemessene Erkenntnisgewinne zu realisieren. Es räche sich jetzt der unhistorische Sinn der Klassischen Theorie; sie sei veraltet. Eine neue Wirtschaftswissenschaft werde benötigt.[255]

Die Zukunft des Kapitalismus

Im Allgemeinen hielt sich Sombart mit genauen Vorhersagen für die Zukunft klug zurück.[256] Sie seien, in seinen eigenen Worten, immer eine missliche Sache.[257] Trotzdem lässt sich ein Bild der wirtschaftlichen Zukunftsvorstellungen anhand seiner Arbeiten konstruieren:

- Es wird keine Alleinherrschaft eines einzigen Wirtschaftssystems geben. Innerlich umgebildet, ihre Anteile gegeneinander verschiebend, werden auch in Zukunft Kapitalismus, Genossenschafts-

---

[253]Sombart 1938, S. 30.
[254]Ebenda.
[255]Sombart 1938, S. 24-34.
[256]Chaloupek 1996, S. 385-386.
[257]Sombart 1987, Band III/2, S. 1008.

wirtschaft, Gemeinwirtschaft, Eigenwirtschaft sowie Handwerk und Bauernwirtschaft existieren.

- Die Geschichte zeige, dass sich eine wirtschaftliche Entwicklung immer „organisch" vollziehe und niemals gewaltsam erzwungen werden kann.
- Starke Kräfte sind an der Erhaltung der Errungenschaften der modernen Technik interessiert, so dass eine Entwicklung in Richtung vorkapitalistischer Wirtschaftsweisen nicht zu erwarten ist.[258]
- Der Kapitalismus wird noch lange Zeit wichtige Zweige des Wirtschaftslebens besetzen. Letztlich wird er seine Vorherrschaft allerdings verlieren, weil es zu einer Erlahmung seiner treibenden Kräfte kommt – sein „faustischer Drang" verschwindet. Das gilt nur für die weiße Rasse. Andere Rassen können einen neuen Kapitalismus gründen, der sich aber von dem in seinem eigenen Werk vorgestellten Kapitalismus unterscheiden wird, da er auf einer anderen zivilisatorischen Grundlage beruht.
- Jedes Wirtschaftssystem, das in irgendeiner Form auf Planwirtschaft beruht, wird in der Zukunft einen immer breiteren Raum einnehmen. Das Bedarfsdeckungsprinzip kommt gegenüber dem Erwerbsprinzip wieder zur Geltung, und der Geist dieses Systems wird durch Rationalismus gekennzeichnet sein. Die zugrundeliegende Technik übernimmt die Errungenschaften der modernen Techniken, verliert aber ihren revolutionären Charakter. Der großbetriebliche Charakter und der Zug zur Vergeistung [zur Wortbedeutung siehe Fußnote; M.W.][259] bleiben wie eine Reihe anderer Züge des Kapitalismus erhalten. Die treibende Kraft zur Planwirtschaft wird aus der Schicht der Arbeiter und der ärmeren Konsumenten kommen. Dafür sorgen ihre Organisationen und deren wachsender Einfluss auf die Staats- und Gemeindeverwaltung. Zudem ist aus Sombarts Sicht die Wirtschaft soweit entwickelt, dass es keiner besonderen unternehmerischen Tätigkeit mehr bedarf, und sich das Betätigungsfeld der planmäßigen Großwirtschaft deshalb immer weiter ausweiten kann. Der Unterschied zwischen einem reglementierten und stabilisierten Kapitalismus und einem technifizierten und rationalisierten Sozialismus wird dabei nicht

---

[258]Sombart 1987, Band III/2, S. 1009-1010.
[259]Der Begriff Vergeistung ist unglücklich. Bei Sombart meint Seele eher Persönlichkeit, Geist dagegen Sachlichkeit oder Anstalt. Hintze 1929, S. 409-410.

sehr groß sein. Das hält Sombart aber auch nicht für wesentlich. Der springende Punkt ist, dass sich in beiden Fällen die gesamte Wirtschaft auf dem Boden der Vergeistung bewegt.[260]

- Das gewerbliche Handwerk wird in absehbarer Zukunft in dem zu Sombarts Zeit existierenden Bestand erhalten bleiben.

- Das Bauerntum muss in Umfang und Bedeutung noch weiter wachsen, um die übervölkerten Gebiete unseres Erdteils am Leben zu erhalten. Das Bauerntum bildet stets einen Bereich des Wirtschaftslebens, in welchem sich Seele entfalten kann. Durch seine innere Wesensart geschützt, kann er weder vom Sozialismus noch vom Kapitalismus, also jeglicher Art der Vergeistung, durchdrungen werden.[261]

Sombart sieht die zukünftige wirtschaftliche Entwicklung dabei keineswegs deterministisch. „Altes bleibt, Altes erfährt Wandlungen, Neues tritt hinzu",[262] ohne das dies einer Eigengesetzlichkeit der Wirtschaft entspringen werde.

„Das heißt: die Wirtschaft ist kein Naturprozess, sondern ist von jeher gewesen und wird es in aller Zukunft sein, eine aus dem freien Entschluss der Menschheit heraus gestaltete Kultureinrichtung. Somit liegt auch die Zukunft der Wirtschaft oder eines bestimmten Wirtschaftssystems in dem Ermessen frei wollender Menschen."[263]

Dieser freie Entschluss sei nun abhängig von ihrem Willen, welcher nur zum geringen Teil von der ökonomischen oder welcher Ratio auch sonst abhänge, sondern im Wesentlichen bestimmt sei „von der völlig irrationalen weltanschaulichen Einstellung der Menschen her, die über ihr Schicksal entscheiden."[264]

Einige seiner Prognosen können meines Erachtens auch heute noch Diskussionsstoff liefern. Dazu zählt beispielsweise die Vorhersage zu Annäherung „eines reglementierten und stabilisierten Kapitalismus und eines technifizierten und rationalisierten Sozialismus. Viele andere haben sich dagegen nicht als sehr erfolgreich erwiesen.[265] Insbesondere die Durchhal-

---

[260]Sombart 1987, Band III/2, S. 1012-1016.
[261]Sombart 1987, Band III/2, S. 1019-1022.
[262]Sombart 1987, Band III/2, S. 1022.
[263]Sombart 1932, S. 394.
[264]Sombart 1932, S. 417.
[265]Chapoulek 1996, S. 397-398.

tekraft des unternehmerischen Kapitalismus – und dessen prophezeiter Untergang war eine seiner Hauptthesen – wurde von Sombart unterschätzt. Im Hinblick auf die späteren Entwicklungen, meint Günther Chaloupek, kann man der Theorie von Sombart allerdings insoweit Recht geben, „dass die hauptsächlichen Bestimmungsgründe für die langfristige wirtschaftliche Entwicklung nicht in den quantitativen Aggregaten und ihren mechanistischen Wechselbeziehungen zu suchen sind, sondern viel mehr in den individuellen und sozialen Triebkräften menschlichen Handelns."[266]

Sombart und Marx

„Dieses Werk will nichts anderes als eine Fortsetzung und in einem gewissen Sinne die Vollendung des Marxschen Werkes sein. [...] Und alles, was etwa gut in meinem Werke ist, verdankt es dem Geiste Marx."[267]

Wie das obige Zitat belegt, sah sich Sombart in seiner eigenen Einschätzung seiner Arbeiten im Geiste von Marx. Seine Zeitgenossen und auch die heutigen Kritiker sahen bzw. sehen das allerdings differenzierter. Richtig ist, dass Sombart in der ersten Auflage des „Modernen Kapitalismus" von 1902 dem Verwertungsstreben des Kapitals ganz im Sinne von Marx einen wesentlichen Platz zukommen lässt.[268] Sombart hat aber bereits in dieser Auflage seines Werkes darauf hingewiesen,[269] dass als Ursache für ein soziales Geschehen immer die Motivation lebendiger Menschen steht.[270] Das eigentliche Subjekt der Wirtschaft ist für Sombart der Mensch und nicht wie bei Marx das Kapital.[271] Die Kritik, dass Sombart in seiner ersten Auflage eine monokausale wirtschaftliche Entwicklung im Sinne von Marx vertreten habe,[272] ist deshalb ebenso überzogen wie die Kritik, das Werk

---

[266] Ebenda.
[267] Sombart 1987, S. XIX.
[268] Appel 1992, S. 14; Brocke 1972, S. 138; Lenger 1994, S. 333; dagegen Naumann 1902, S. 114.
[269] Sombart 1902, S. 378-398.
[270] Töttö 1996, S. 234.
[271] Naumann 1902, S. 114.
[272] Brocke 1972, S. 138.

sei die Verwirklichung des historischen Programms[273] und Sombart nicht wesentlich von Marx beeinflusst gewesen.[274]

Tatsächlich zeigt die erste Auflage des „Modernen Kapitalismus" einen gewissen Dualismus, der sich auch methodisch bemerkbar macht, wie das Rudolf Hilferding schon 1903 festgestellt hat. Indem sich Sombart die Frage nach dem Verhältnis zwischen Geist und Materie stellt, welche die Determination des menschlichen Wollens durch die Außenwelt beantworten will, bringe er sich in methodischem Gegensatz zu Marx. Zu Recht konstatiert Hilferding deshalb, dass Sombart hinter Marx zurückfällt, wenn er objektive und subjektive Bedingungen als Dualismus unterscheidet, welche sich im Verlauf der Geschichte auf nicht nachvollziehbare Weise vereinen.[275]

In der zweiten Auflage des „modernen Kapitalismus" entfernt sich Sombart in jedem Fall weiter von Marx, indem er zahlreiche nichtmaterialistische Erklärungen für die kapitalistische Entwicklung aufführt. Hier fließen zum Beispiel auch die Ergebnisse seiner Monographien über die Juden,[276] die Unternehmer[277], über Luxus sowie Krieg und Kapitalismus [278] mit ein.[279] Die Menschen, und unter ihnen besonders die Unternehmer, sieht Sombart in der zweiten Auflage des Werkes eindeutig als die wesentlichen wirkenden Kräfte in der Geschichte.[280] Seine Theorie leitet sich im Gegensatz zum historischen Materialismus von einem idealistischen Standpunkt ab: der Durchdringung des Lebens durch den kapitalistischen Geist. Im Hinblick auf die Auswirkungen und das Wesen des modernen Kapitalismus kommt er nach Ansicht von Theo Surányi-Unger dann allerdings zu demselben Ergebnis.[281]

Auch wenn Sombart also wesentliche Teile der Marxschen Theorie nicht übernommen hat,[282] kann man Marx durchaus als geistigen „Teilurheber" betrachten – in der ersten Auflage „Modernen Kapitalismus" mit einem größeren Anteil, in der zweiten Auflage mit einem kleineren. Er muss nur

---

[273] Appel 1992, S. 35.
[274] Lenger 1994, S. 253.
[275] Hilferding 1903, S. 154-155.
[276] Sombart 1911.
[277] Sombart 1913a.
[278] Sombart 1913b; Sombart 1913c.
[279] Appel 1992, S. 50.
[280] Hintze 1929, S. 381; Lenger 1994, S. 333; Dobb 1972, S. 16.
[281] Surányi-Unger 1928, S. 164.
[282] Braunthal 1928, S. 270-271; Lenger 1996, S. 270.

eingeordnet werden in den Gesamtzusammenhang des Sombartschen Werkes, welches außer von Marx auch von Tönnies, der historischen Schule und anderen Quellen beeinflusst wurde.[283]

Theorie und historische Empirie

Für Sombart zählte die Ökonomie zu den historischen Wissenschaften.[284] Er versuchte deshalb, die durch die Historische Schule der Deutschen Nationalökonomie gesammelten historischen Materialien theoretisch zu erfassen.[285] Sombart forderte ganz im Sinne dieser Schule jeweils unterschiedliche Theorien für die jeweils unterschiedlichen historischen Epochen;[286] ein Überstülpen der Geschichte durch die Theorie wollte er vermeiden.[287] Um das Einmalige in der Geschichte zu erfassen, fügte er sämtliche Einzeltatbestände eines historischen Zeitabschnitts – beispielsweise von verschiedenen kapitalistischen Unternehmungen – zu einem idealisierten Gesamtbild zusammen – dem Kapitalismus.[288] Danach sollten die gewonnenen Erkenntnisse wieder an den historischen Stoff herangetragen werden. Um gesellschaftliche Phänomene zu entschlüsseln, bot sich für Sombart deshalb eine deduktive Vorgehensweise an.[289]

Die erkenntnisleitende Methode in diesem Bereich stellte für ihn das Verstehen dar.[290] Im Gegensatz zu einem individualisierten Handlungsverstehen setzte Sombart ein objektives Verstehen zur Partizipation des Erkennenden am objektiven Geist. Das sei möglich, weil Kultur, verstanden als Gesamtheit aller menschlichen Geschichte, aus einer von Menschen an sie herangetragenen Sinnhaftigkeit bestehe, deren Wesen der „erkennende" Mensch identifizieren könne. Deshalb ist nach Jürgen Kraft das „Allgemeine bei Sombart [...] im Unterschied zum Idealtypus ein in der Wirklichkeit selbst gegebener Sinnzusammenhang, den das Verstehen des Erkennenden vermöge seiner Partizipation am Geist erkennt. Das Allgemeine als

---

[283]Appel 1992, S. 158; Lenger 1994, S. 270; Schumpeter 1927, S. 203.
[284]Backhaus 1989b, S. 601.
[285]Appel 1992, S. 117; Schmidt 1902, S. 124.
[286]Lenger 1996, S. 124.
[287]Appel 1992, S. 61.
[288]Kraft 1962, S. 322; Appel 1987, S. 70.
[289]Appel 1987, S. 69; ders. 1992, S. 93-94.
[290]Sombart 1960, S. 41-42; Seidenfus 1960, S. 260.

Geist ist wirklich."[291] Nur Gleiches kann nach Sombart durch Gleiches verstanden werden. Dadurch schränkt Sombart die Soziologie und damit ihre heuristischen Möglichkeiten erheblich ein.[292]

Mit seinen Arbeiten gelang es Sombart, Geschichte näher an die Theorie und die Theorie näher an die Geschichte heranzubringen.[293] Damit stand Sombart zwischen der historischen und der theoretischen Schule der Nationalökonomie.[294] Kritik blieb nicht aus. Die Vertreter der abstrakten Nationalökonomie ließen verlauten, dass nur aus den immer gleichen, auf Nutzenoptimierung zielenden Grundbedürfnissen der Menschen eine Theorie im eigentlichen Sinne abgeleitet werden kann; und diese seien aktuell ebenso existent wie in früheren Zeiten.[295] Den meisten Historikern dagegen galt es, ein getreues Abbild der historischen Wirklichkeit zu konstruieren.[296] Selbst relativ theorielos sahen sie nicht den Nutzen für einen übergeordneten Bauplan, um den historischen Stoff zu ordnen.[297] Für sie galt: einseitige theoretische Konstruktionen sind nicht geeignet, die geschichtliche Wirklichkeit einzufangen.[298]

Die Kritik, dass Sombart die Quellen „missbraucht" und entstellt, um sie in sein vorgegebenes theoretisches Gerüst zu pressen,[299] lässt sich dagegen nicht allein durch den Hinweis auf die Theoriefeindlichkeit der Historiker beiseite schieben. Und auch seine Leistung, die in der Historischen Schule gesammelten einzelnen historischen Fakten zu einer „leitenden Idee" zusammenzufassen und in Sinnzusammenhänge einzuordnen,[300] ist meiner Meinung nach nicht immer unproblematisch. Sombarts Folgerungen erscheinen oft recht einseitig – er begreift gesellschaftliche Phänomene nicht umfassend genug in ihrer psychologischen, geographischen, politischen Perspektive.[301] Für Sombart lag die Triebkraft zur Entwicklung des Wirtschaftslebens ausschließlich in der wirtschaftlichen Sphäre.[302] Er betrachtete jede Entwicklung unter dem Gesichtspunkt, ob sie für den Kapitalismus

---

[291] Kraft 1962, S. 323-324.
[292] Weippert 1966, S. 210.
[293] Schumpeter 1927, S. 201.
[294] Betz 1993, S. 224; Hintze 1929, S. 378-379; Appel 1992, S. 108.
[295] Appel 1992, S. 109.
[296] Appel 1992, S. 98.
[297] Appel 1992, S. 67-68; Sombart 1920, S. 88.
[298] Dopsch 1919, S. 351-352.
[299] Delbrück 1903, S. 343.
[300] Parsons 1928, S. 306; Lenger 1996, S. 264; Pasemann 1985, S. 365.
[301] Schmoller 1902, S. 140; Taubner 1948, S. 63-64.
[302] Hilferding 1903, S. 160.

fördernd oder hemmend ist.[303] Die Aspekte Recht, Moral, Sitte usw. vernachlässigte er dagegen,[304] und es stellt sich die Frage, ob man auf diese Weise die allgemeine wirtschaftliche Entwicklung erklären kann.[305]

Nach Ansicht von Gustav Schmoller hat es Sombart letztlich nicht geschafft, die gelungene induktiv-empirische Seite seiner Forschung[306] als Plattform für eine gewinnbringende allgemeine Theorie zu nutzen. Indem er Geschichte nur im Hinblick auf die den Kapitalismus hemmende beziehungsweise fördernde Aspekte hin untersuchte, gelang es ihm folgerichtig auch nur, die Denk-, Sach- und Zweckzusammenhänge des Kapitalismus, nicht aber sein geschichtliches Werden oder seine zeitliche Verortung zu erklären.[307]

Trotz aller Kritik bleibt es aber sein Verdienst, deutlich gemacht zu haben, dass die Wirtschaftsgeschichte neben der empirisch-historischen Methode auch einer theoretischen Methode bedarf, um weitere Erkenntnisse zu gewinnen.[308] Er hätte seine eigene Teiltheorie der kapitalistischen Entwicklung in Europa seit dem Mittelalter, ebenso wie er das mit der rationalen Theorie getan hat, als weiteren Baustein einer allgemeinen Theorie einordnen sollen, anstatt sie als eine allgemeingültige Wirtschaftstheorie zu präsentieren.

Die idealtypische Methode

Als Vertreter einer „idealtypischen Erfassung von Wirtschaftsordnungen" muss sich Sombart[309] selbstverständlich auch den kritischen Einwänden stellen, die sich aus dieser Methode ergeben:

- Nach welchen Kriterien findet die Auswahl der wesentlichen Strukturelemente statt?
- In welcher Art und Weise erfolgt die Periodisierung?

---

[303]Weber (b) 1927, S. 243.
[304]Schmoller 1903, S. 145.
[305]Hintze 1929, S. 384.
[306]Surányi-Unger 1928, S. 170-171; Schmoller 1903, S. 139.
[307]Salin 1927, S. 343.
[308]Nach Engel hat Sombart gezeigt, dass die Wirtschaftstheorie gleichberechtigt neben der Wirtschaftsgeschichte und der Nationalökonomie steht; der Methodenstreit habe seine endgültige Lösung gefunden. Engel 1933, S. 58.
[309]Appel 1992, S. 70; Brocke 1987b, S. 48.

- Wie kann die Gefahr umgangen werden, dass die Elemente zu bestimmt und damit empirisch nicht nachweisbar, beziehungsweise zu allgemein und damit unverbindlich idealtypisiert werden?
- Kann man in einem solchen, eher statischen Konzept die Dynamik jedes Geschehens zum Ausdruck bringen?[310]

Obwohl die idealtypische Methode diese Kritik nicht in allen Punkten entkräften kann, lassen sich für den Wirtschaftshistoriker nichtsdestotrotz erkenntnistheoretische Gewinne hieraus erzielen.

„Der Historiker befindet sich somit immer auf zwei Ebenen zugleich, einer Ebene relativer Abstraktion, auf der er bestimmte Segmente der historischen Wirklichkeit zu idealtypischen Modellen verdichtet und im Rahmen des jeweiligen Untersuchungsbereiches als relativ konstant setzt, und einer rein empirischen Ebene, die die Phänomene innerhalb des zeitlichen Ablaufs ortet und diesen idealtypischen Modellen zuordnet; im Zuge dieses sozusagen dialogartigen Forschungsprozesses kommt es zugleich zu einer Modifikation der idealtypischen Modelle selbst, und damit zu entscheidenden Erkenntnisfortschritten."[311]

Es stellt sich eben nur die Frage, wie Sombart mit den Problemen der idealtypischen Methode umgeht. Wenn Brocke schreibt: „Sombarts Kapitalismus ist eine von der Wirklichkeit abstrahierte idealtypische Konstruktion, die durch eingehende historische Betrachtung verifiziert wird",[312] stellt sich die Frage, über welche Wirklichkeit wir hier sprechen. Tatsächlich handelt es sich um eine „Wirklichkeit", die bereits der vorherigen Denkarbeit Sombarts selbst entsprungen ist und nicht „an sich" existiert.[313] Man müsste „Wirklichkeit" ersetzen durch „Sombarts eingehende historische Betrachtung", und die Tautologie wird offensichtlich. Aber das trifft erkenntnistheoretisch auf jede idealtypisierende historische Betrachtung zu. Es gibt keine Geschichte einer vergangenen Wirklichkeit, die sich tatsächlich ereignet hat, sondern nur historische Interpretationen, welche aber nicht endgültig sind, sondern von jeder Generation neu gebildet werden.[314]

Der wesentliche Punkt ist hier also, ob die idealtypische Konstruktion Sombarts im „dialogartigen Forschungsprozess" Modifikationen zulässt,

---

[310]Ambrosius 1996, 343-345.
[311]Mommsen 1987, S. 127.
[312]Brocke 1987b, S. 48.
[313]Surányi-Unger 1928, S. 170-171.
[314]Popper 1976, S. 316.

die zu Erkenntnisfortschritten führen können. An eben dieser Stelle scheitert seine Theorie aber. Er ist nämlich meiner Meinung nach bei der Abstrahierung des Begriffs des Kapitalismus nicht der Gefahr entgangen, dass das Objekt der Abstraktion ein Eigenleben entwickelt und dann gleichsam als Wesenheit erscheint, welche für sich besteht und eine immanente, eigengesetzliche Entwicklung vorgibt.[315] Das Spezifische des Kapitalismus wird dann nicht mehr abgeleitet, sondern als Leitidee vorausgesetzt.[316]

Eine andere Schwäche der Sombartschen Theorie besteht darin, dass er es nicht geschafft hat, durch einen höheren Abstraktionsgrad „die Flut der möglichen Ursachenkomplexe für soziale Phänomene zu bändigen."[317] Stattdessen hat Sombart mit seiner „Scheinwerfermethode" versucht, einzelne Teilprobleme zu verdeutlichen.[318] Das kann man ihm zwar grundsätzlich nicht vorwerfen, allerdings hätte er bei der Aufstellung seiner Thesen eine abwägend-kritische Haltung an den Tag legen müssen. Das Gegenteil war der Fall. Er reihte Einzelthese an Einzelthese, bis für viele seiner Kollegen das Ende der Ernsthaftigkeit seiner Arbeiten erreicht war,[319] und auch sein „Wirtschaftssystem" als Strukturbegriff vermochte nicht, diese Schwäche zu beheben.[320]

Wie eingangs als Gefahr idealtypisierender Systeme beschrieben, führte die große Zahl der Strukturelemente tatsächlich zu einer Historisierung der Theorie, so dass Sombarts theoretische Erläuterungen oft nur eine Umgruppierung des nachfolgenden Stoffes, nicht aber ein wirkliches Gegengewicht zu den vorherrschenden empirischen Gesichtspunkten darstellten. Surányi-Unger kommt deshalb zu Recht zu dem Schluss:

„Inhaltlich aber ist [die] theoretische Einleitung der Regel nach bloß als eine Vorwegnahme der Ergebnisse der nachfolgenden historischen Untersuchungen zu betrachten."[321]

---

[315] Hintze 1929, S. 376.
[316] Ziegenfuß 1949, S. 9.
[317] Appel 1992, S. 58.
[318] Sombart 1987, S. XIII.
[319] Appel 1992, S. 99-100.
[320] Appel 1992, S. 112.
[321] Surányi-Unger 1928, S. 170-171.

Sombart in der Kritik

Beurteilung durch seine Zeitgenossen

Obwohl laut Sombart nur zehn Prozent der ersten Auflage übernommen wurden[322], sind die Kritiken zur ersten und der zweiten Auflage des „Modernen Kapitalismus" im Großen und Ganzen beinahe unverändert geblieben.[323]

Einer der wesentlichen Kritikpunkte betraf die Arbeitsweise Sombarts. Es habe zuviel Ungenauigkeiten, Fehler und Flüchtigkeiten gegeben,[324] Quellen seien missbraucht und entstellt worden,[325] letztlich habe sich Sombart nicht gewissenhaft mit neuerer Literatur beschäftigt und außerdem den Stoff lückenhaft, eklektistisch und in subjektiv einseitiger Art und Weise behandelt.[326] Alfred Braunthal meinte gar, dass an Sombarts Werk kein strenger wissenschaftlicher Maßstab gesetzt werden kann.[327]

Auch die von Sombart eingeführten Um- beziehungsweise Neudefinitionen von wissenschaftlichen Begriffen wurden kritisiert. Es sei nämlich nicht im Sinne der scientific community, wenn er im wissenschaftlichen Gebrauch eingebürgerte Begriffe verwerfe und statt dessen eigene Begriffe verwende.[328]

Viele Rezensenten bemängelten zudem, dass Sombart sich zu sehr auf wirtschaftliche Aspekte beschränkt habe. Obwohl sein Werk der richtige Ort dafür gewesen wäre, habe er die Rolle von Recht, Moral, Sitte, Politik oder anderer Institutionen vernachlässigt.[329] Dadurch seien gesellschaftliche Phänomene nicht umfassend genug begriffen worden.[330] Er habe letztlich versucht, die Wirtschaft einer Gesellschaft in verengter Perspektive nur aus wirtschaftlichen Aspekten heraus zu erklären.[331] Im Zusammen-

---

[322]Sombart 1987, S. XIII-XIV; zum Verhältnis zwischen Theorie und Empirie siehe auch Kapitel 5.10.
[323]Appel 1987, S. 68.
[324]Salin 1927, S. 320; Delbrück 1902, S. 346.
[325]Delbrück 1902, S. 343; Dobsch 1919, S. 334.
[326]Dopsch 1919, S. 381-382.
[327]Braunthal 1928, S. 269.
[328]Schmoller 1903, S. 145.
[329]Adler 1903, S. 552; Naumann 1902, S. 112; Schumpeter 1927, S. 207.
[330]Schmoller, 1903, S. 140.
[331]Hintze 1929, S. 384; Schmoller 1903, S. 145.

hang mit seinem Gerüst des Wirtschaftssystems habe das dazu geführt, dass seine Theorie zwar den Denk-, Sach- und Zweckzusammenhang des Kapitalismus darstellen könne, nicht aber seinen unmittelbaren inneren Zusammenhang,[332] sein geschichtliches Werden oder den Zeitpunkt seines Zustandekommens.[333] Seine Theorie, und das haben Hilferding und Adler schon 1903 hervorgehoben, sei eben gerade *keine* Entwicklungstheorie,[334] auch wenn Sombart selbst das Gegenteil behauptet hat.[335]

Ein letzter wichtiger Kritikpunkt betraf die Herausbildung des kapitalistischen Geistes bei Sombart. Es sei in seinem Werk nicht deutlich geworden, wo der Wirtschaftsgeist eigentlich herkomme und warum er zu einer bestimmten Zeit eine bestimmte Wirtschaftsordnung aufgestellt habe; der Wirtschaftsgeist müsse letztlich metaphysisch verstanden werden.[336] Die verschiedenen menschlichen Motive seien bei Sombart somit nicht als das Ergebnis historischer Prozesse dargestellt worden, sondern als Sombartsche Voraussetzung. Die Motive seien als deus ex machina erschienen, ihre Auswahl habe allein bei Sombart selbst gelegen.[337]

Auch wenn manche Wissenschaftler, zu nennen sind hier Naumann, Hilferding, Schumpeter, Parsons oder Rüstows, den Versuch Sombarts begrüßt haben, den induktiven Ansatz der Historischen Schule der Nationalökonomie mit Theorie anzureichern,[338] war es am Ende doch nur die Zusammenfügung der von der historischen Schule erbrachten historischen Detailstudien, also die empirisch-historische Seite seiner Arbeit, welche zu einer positiven Beurteilung seines Werkes führten.[339] Das war auch der Hauptgrund, warum von Seiten der Fachwissenschaft in den Rezensionen zwischen 1902 und 1928 dem „Modernen Kapitalismus" häufig der Rang eines Standardwerkes zugesprochen wurde.[340]

Aber gerade auch in der gebildeten Öffentlichkeit erregten Sombarts Werke stets Aufsehen. Die als anregend, geistvoll und konstruktiv emp-

---

[332] Surányi-Unger 1928, S. 167.
[333] Salin 1927, S. 343.
[334] Hilferding 1903, S. 152-153; Adler 1903, S. 554-555.
[335] Sombart 1902 S. XXVIII.
[336] Parsons 1928, S. 306.
[337] Hilferding 1903, S. 156-157.
[338] Appel 1987, S. 69.
[339] Hilferding 1903, S. 160; Parsons 1928, S. 306; Schmoller 1903, S. 139; Surányi-Unger 1928, S. 178-179.
[340] Appel 1987, S. 67.

fundenen Ausführungen brachten ihm einen anhaltenden und breiten öffentlichen Erfolg.[341]

Entgegen seiner eigenen Beschwerden fand Sombart also durchaus Anerkennung in der historischen und soziologischen Fachwelt. Allerdings konnte sich sein wissenschaftliches Gesamtwerk am Ende tatsächlich nicht durchsetzen.[342] Dazu mag vielleicht auch seine Angewohnheit beigetragen haben, allen, die nicht seiner Meinung waren, vorzuwerfen, sie haben seine Arbeiten nicht verstanden.[343]

Kritik in der heutigen Wissenschaft

Der Ausgleich zwischen der theoretischen und der historischen Richtung der Nationalökonomie wird in der neueren Literatur durchgehend als der wesentliche Punkt des Sombartschen Schaffens hervorgehoben,[344] auch wenn man die dabei verwendete Vorgehensweise nicht kritiklos akzeptiert.[345]

Als ein weiterer positiver Aspekt seiner Arbeiten wird die Darstellung der Geschichte des Kapitalismus[346] und die Begründung der Lehre der Wirtschaftssysteme genannt.[347] Mit dem Modell des „Wirtschaftssystems" habe er einen wichtigen und dauerhaften Beitrag zur wirtschaftshistorischen Analyse geschaffen[348] und damit das Forschungsgebiet des ökonomischen Systemvergleichs eingeführt.[349]

Aus meiner Sicht völlig zu Recht hebt Jürgen Backhaus darüber hinaus eine ganze Reihe weiterer wichtiger Aspekte des „Modernen Kapitalismus" hervor:

---

[341] Appel 1987, S. 87.
[342] Appel 1992 S. 188.
[343] Appel 1992, S. 84-85.
[344] Appel 1992, S. 117; Betz 1993, S. 224; Lenger 1994, S. 123; Brocke 1972, S. 141; ders. 1987b, S. 48; Jahn 1967, S. 48.
[345] Betz 1993, S. 234; Lenger 1994, S. 124.
[346] Senn 1996, S. 317.
[347] Backhaus 1989a, S. 77.
[348] Hagemann/Landesmann 1996, S. 197-202.
[349] Schmidt 1991, S. 259; Backhaus 1989b, S. 601.

- Sombart zeigt uns, dass die Art zu Wirtschaften sehr unterschiedlich sein kann und dass die Motive der Wirtschaftsobjekte selbst historisch sind.
- Seine vergleichende Systembetrachtung schärft unseren Blick für die historische und geographische Abhängigkeit der verschiedenen Wirtschaftssysteme.
- Die von Sombart favorisierten ausführlichen Einzelfallstudien können eine sinnvolle Ergänzung der heute bevorzugten quantitativen Methoden darstellen.
- Die Ergebnisse der Sombartschen Forschungen können zudem als Kontrollinstanz zu den Ergebnissen der neueren Forschungen der Neuen Institutionen Ökonomie verwendet werden.[350]

Im Gegensatz zu vielen Rezensionen in früherer Zeit, werden die häufigen faktischen Fehler heute kaum noch thematisiert und zum großen Teil seiner eigenwilligen Arbeitsweise zugeschrieben.[351]

Allerdings erntet Sombart auch in der heutigen Wissenschaft nicht nur positive Kritik. Ihm sei es nämlich nicht gelungen, den Begriff des kapitalistischen Geistes beziehungsweise die den Menschen unterstellte kapitalistische Wesensart einer metaphysischen Substanzialisierung gänzlich zu entziehen.[352] Dadurch gebe es auch kein methodologisches Hilfsmittel, welches es erlaubt, den Wechsel eines Wirtschaftssystems zum nächsten zu verstehen. Sombart habe es letztlich nicht geschafft, eine eigenständige Entwicklungstheorie zu entwerfen.[353]

Zudem sei Sombarts Antwort auf die Schwäche der idealtypischen Arbeitsweise, Zusammenhänge zu stark zu fragmentieren, nur unzureichend ausgefallen. Sein „Wirtschaftssystem" bediene sich nicht angemessen des Strukturbegriffs. Dessen hermeneutische Grundidee, nämlich das Ineinanderwirken von gesellschaftlichen Institutionen, komme bei Sombart nicht zum Ausdruck.[354] Der Wirtschaftsprozess werde zu isoliert gesehen, die Interdependenzen zwischen Wirtschaft, Staatenbildung, Politik, Konflikten

---

[350]Backhaus 1989b, S. 611.
[351]Backhaus 1989b, S. 602; Schefold 1994, S. 227.
[352]Brocke 1987b, S. 44; ders. 1972, S. 141; Pasemann 1985, S. 374-375.
[353]Betz 1993, S. 236; Appel 1992, S. 44.
[354]Appel 1992, S. 112.

usw. nicht deutlich.[355] Ein bloßes Nebeneinanderwirken der Institutionen sei die Folge.[356]

Vergleicht man die Kritik von damals mit der Kritik von heute, lässt sich leicht erkennen, dass sie sich in den wesentlichen Punkten kaum unterscheidet. Bei einer Neubewertung des Werkes kann es deshalb aus meiner Sicht nicht um eine Neuinterpretation der Arbeiten handeln, sondern nur um eine neue Gewichtung des Sombartschen Ansatzes in Bezug auf ihre erkenntnistheoretische Stellung im Rahmen der Wirtschaftsgeschichtsschreibung.

---

[355] Brocke 1987b, S. 49.
[356] Appel 1992, S. 112.

Zweites Zwischenergebnis

Die anregende und geistvolle Zusammenfassung der von der Historischen Schule erbrachten Detailstudien gehört zu den positiven Aspekten des Sombartschen Werkes. Für die Wirtschaftsgeschichte weitaus wesentlicher ist aber, dass Sombart über eine rein empirische Wirtschaftsgeschichte hinausgeht und versucht, ihr eine theoretische Grundlage zu geben.[357]

Das von Sombart hierzu aufgestellte Programm kann meines Erachtens auch überzeugen. Zurecht lehnt er die klassische Theorie ab, weil sie versucht anhand einer Reihe von Voraussetzungen, die tatsächlich in keiner speziellen historischen Situation gegeben sind, eine allgemeine Wirtschaftstheorie zu formulieren. Sombart betont dagegen die historische Bedingtheit sowohl der menschlichen Handlungsmotive als auch der Institutionen und der Wissenschaft einer Gesellschaft: Sie entwickeln sich historisch und sie müssen aus dieser Entwicklung heraus auch verstanden werden. Jede künftige Wirtschaftsgeschichtstheorie habe dies zu berücksichtigen. Leider scheitert Sombart meiner Meinung nach aus zwei wesentlichen Gründen an seiner eigenen Programmatik:

- Für Sombart stellt der Kapitalismus und dessen Genese der grundlegende Aspekt und Ausgangspunkt seines Schaffens dar.[358] Er berücksichtigt letztlich nicht, dass der Kapitalismus, und damit auch seine Theorie, selbst erst das Produkt einer modernen, stark wirtschaftlich ausgerichteten Gesellschaft sind. Folgerichtig gelingt es ihm zwar mit seinem Instrumentarium, die Denk-, Sach- und Zweckzusammenhänge der kapitalistischen Gesellschaft darzustellen, nicht aber ihr Zustandekommen zu erklären. Seine Perspektive bleibt auf wirtschaftliche Aspekte verengt, alle anderen Institutionen einer Gesellschaft sowie deren Interdependenzen vernachlässigt er dagegen. Die gesamtgesellschaftliche Entwicklung kann er deshalb nicht angemessen erfassen.[359] Im Zusammenhang mit seinem Modell des Wirtschaftssystems, welches einen eher statischen Charakter hat, ergibt sich daraus das Bild einer Sombartschen

---

[357] Mitchell 1928/29, S. 323.
[358] Weippert 1956, S. 301; er gibt allerdings zu bedenken, dass die Theorie des Wirtschaftssystems seiner Meinung nach auch unter einem anderen leitenden Gesichtspunkt angewendet werden könnte.
[359] Surányi-Unger 1928, S. 343.

Theorie, welche ihren selbst formulierten Anforderungen nicht genügt.

- Als Folge seiner „verstehenden Methode"[360] gelingt es ihm nicht, den Wirtschaftsgeist einer Epoche beziehungsweise die ihm zugrunde liegenden menschlichen Motive einer metaphysischen „Substanzialisierung" zu entziehen.[361] Letztlich wird auch an dieser Stelle der Forderung nach der Anerkennung der historischen Bedingtheit sozialen Geschehens nicht Rechnung getragen. Es bleibt am Ende dem „Verstehen" Sombarts überlassen, wann schließlich die Motive einer bestimmten Gruppe von Menschen für eine Epoche bestimmend, vorwiegend, überlegen oder prävalant werden, so dass sie den Wirtschaftsgeist dieser neuen Epoche prägen und zu einer neuen Wirtschaftsordnung führen.

Trotz dieser Kritik halte ich die Arbeiten Sombarts auch heute noch für aktuell: Eine Wirtschaftsgeschichtsschreibung, die sowohl eine systematische Wirtschaftstheorie als auch die historische Entwicklung sozialer, und damit wirtschaftlicher Phänomene berücksichtigt, liegt auch heute noch im Fokus der Wissenschaft.[362]

---

[360]Drechsler hält diese Methode dagegen heute wieder für durchaus aktuell. Drechsler 1996, S. 293-295.
[361]Parsons 1928, S. 306; Brocke 1987b, S. 44; Pasemann 1985, S. 374-375.
[362]Fusfeld 1977, S. 774.

THEORIEN IM VERGLEICH: NORTH VS. SOMBART

Handlungsmotive der Wirtschaftssubjekte

Wie am Anfang dieser Arbeit gezeigt, möchte North das neoklassische Modell des homo oeconomicus nicht gänzlich verwerfen. Seiner Meinung nach sind nur einige Modifikationen notwendig, um es unter eingeschränkten Voraussetzungen erfolgreich anwenden zu können. Auch mit dem Modell des bedingt-rational handelnden Individuums ließen sich erkenntnistheoretische Fortschritte erzielen. Während dies für die Moderne zum Teil zutreffen mag, gibt es dagegen „zurzeit wenig Gründe, Menschen in vormodernen ökonomischen Kontexten die für die heutige Zeit durchaus stichhaltigen Verhaltensweisen zu unterstellen."[363] Werner Sombart war sich dagegen stärker der historischen Bedingtheit der menschlichen Handlungsmotive bewusst.[364] Er schaffte es nur nicht, diese Erkenntnis adäquat in seine Theorie einzubauen; die Motive erscheinen in seiner Theorie wie der deus ex machina.[365]

Gerade auch in Bezug auf die unternehmerische Begabung gelingt es weder North noch Sombart für diese eine angemessene Erklärungsursache aufzuführen. Sie müssen am Ende auf biologische Erklärungsmuster zurückgreifen.

„Ich sage: dass alle Erscheinungsformen des kapitalistischen Geistes, also der Seelenverfassung des Bourgeois auf ererbten ‚Anlagen' beruhen, kann nicht in Zweifel gezogen werden. Das gilt gleichermaßen von den triebhaften Wollungen wie von der ‚instinktmäßigen' Begabung, von den bürgerlichen Tugenden wie von den Fertigkeiten: zu dem allen müssen wir als Untergrund eine seelische „Disposition" denken, wobei es unentschieden (weil für die hier angestellten Betrachtungen bedeutungslos) bleiben kann, ob und inwieweit und in welcher Art diesen seelischen ‚Dispositionen' körperliche (somatische) Eigenarten entsprechen."[366]

---

[363]Plumpe 1997, S. 14.
[364]Sombart 1987, Band III/1, S. 9.
[365]Hilferding 1903, S. 156-157.
[366]Sombart 1913a, S. 254.

Fast ein Jahrhundert später äußert sich North ähnlich:

> „Vermittelbares Wissen ist, wie sein Name sagt, Wissen, das von einer Person an eine andere weitergegeben werden kann. Persönliches Wissen (den Ausdruck prägte 1967 Michael Polanyi) erwirbt man zum Teil durch Übung und kann es nur teilweise weitergeben; die Menschen sind für den Erwerb persönlichen Wissens unterschiedlich begabt. Gut Tennis zu spielen, kann man nicht ausschließlich aus einem Buch lernen, und trotz aller Übung bleiben die Unterschiede zwischen Spielern enorm. Was für jeden beliebigen Sport gilt, gilt für eine Vielzahl von Begabungen, worunter die unternehmerische vielleicht die wichtigste ist."[367]

Diese Einengung menschlicher Handlungsmotive auf vererbbare Dispositionen beziehungsweise Begabungen wird den sehr viel komplexeren Wirkungs- und Ursachenzusammenhängen, welche zum Beispiel zu den vorherrschenden Handlungsmotiven eines kapitalistischen Unternehmers führen, nicht gerecht. Sowohl North als auch Sombart ersparen sich so die Mühe, die menschlichen Handlungsmotive aus ihrem gesellschaftlichen Kontext erklären zu müssen.

Institutionen in der Wirtschaftsgeschichte

Nach Ansicht von North hat es die Wirtschaftsgeschichte bisher vernachlässigt, über die Struktur von Wirtschaften und deren Stabilität beziehungsweise Wandel zu theoretisieren.[368] Mit seinem Ansatz soll dagegen die Analyse der Institutionen einer Gesellschaft Eingang in die Wirtschaftstheorie und Wirtschaftsgeschichte finden. In dieser Hinsicht schenkt er den Arbeiten des amerikanischen Institutionalismus und der Deutschen Historischen Schule der Nationalökonomie nicht genügend Beachtung. Wie in dieser Arbeit gezeigt, sind auch für Sombart die Institutionen einer Gesellschaft von primärer Bedeutung und seine Auseinandersetzung mit dem Stoff, ob gelungen oder nicht, ist in jedem Fall theoretischer Natur.[369]

Die Ausführungen von North über formgebundene und formlose Beschränkungen ähneln doch stark den Ausführungen Sombarts über die

---

[367]North 1992, S. 88.
[368]North 1988, S. 3.
[369]Parsons 1928, S. 305.

Ordnung des Wirtschaftslebens. Bei North heißt es an den entsprechenden Stellen zum Beispiel: „gesellschaftlich sanktionierte Verhaltensnormen", bei Sombart: „die Innehaltung wird durch Billigung oder Missbilligung innerhalb eines bestimmten Personenkreises [...] erzwungen"; bei North: „intern bindende Verhaltenskodizes", bei Sombart: „Verhalten aus Gewohnheit und unreflektierter Nachahmung"; bei North: „formgebundene Beschränkungen", bei Sombart: „alle durch einen Zwangsapparat erzwingbare Normen" usw.[370] Zudem finden sich in Sombarts Theorie des Wirtschaftssystems bereits Ausführungen zu den Eigentumsrechten von Wirtschaftsubjekten und anderen Aspekten der Property-Rights-Theorie.[371]

Die Leistung von North liegt deshalb meiner Meinung nach nicht in der „Erfindung" der institutionellen Theorie an sich, sondern vielmehr darin, dass es ihm durch den Einbau eines institutionellen Ansatzes in die heute vorherrschende neo-klassische ökonomische Theorie gelingt, deren Horizont zu weiten und so die Wirtschaftswissenschaft und die Wirtschaftsgeschichte wieder näher aneinander zu führen. Eine Aufarbeitung der vorhandenen inhaltlichen Gemeinsamkeiten in den Theorien der Deutschen Historischen Schule der Nationalökonomie und den Theorien der „New Economic History" kann deshalb für letztere nur von Vorteil sein.

Die Wirtschaft als Subsystem der Gesellschaft

Wie in den vorherigen Kapiteln gezeigt, schaffen es weder Sombart noch North, vormoderne Wirtschaftszusammenhänge adäquat zu erfassen. Sie haben es versäumt, die veränderte Stellung der Wirtschaft in der Moderne in ihre Theorien miteinzubeziehen. Wie so etwas aussehen könnte, zeigt beispielsweise die Systemtheorie von Niklas Luhmann. Er unterscheidet zwischen drei verschiedenen evolutionären Stufen primärer gesellschaftlicher Differenzierungsformen:[372]

- *Segmentäre* Gesellschaften sind so gestaltet, dass jedes Teilsystem „die innergesellschaftliche Umwelt nur als Ansammlung von gleichen oder doch ähnlichen Systemen" sieht. „Das Gesamtsystem kann dadurch eine geringe Komplexität von Handlungsmöglich-

---

[370]North 1992, S. 43-58; Sombart 1927, S. 2-3.
[371]Sombart 1927, S. 2-3.
[372]Kneer/Nassehi 1994, S. 122.

keiten nicht überschreiten".[373] Es handelt sich um Gesellschaften, „in denen die Differenz von Interaktion und Gesellschaft noch nicht erlebbar ist, da als wesentliches Kriterium für die Zugehörigkeit zum (Teil-)System die Anwesenheit von Personen fungiert."[374]

- Als zweite Stufe der primären gesellschaftlichen Unterscheidungsform sieht Luhmann die *stratifikatorische* Differenzierung. Für stratifikatorische Gesellschaften ist das kennzeichnende Merkmal die Differenzierung der Gesellschaften in ungleiche Schichten,[375] die intern wieder segmentär, nämlich nach Familien, differenziert sind. Sie erweitert neben der internen Komplexität auch die Komplexität der für das Gesellschaftssystem zugänglichen Umwelt.[376]

- Als primäre Unterscheidungsform der modernen Gesellschaft bezeichnet Luhmann schließlich die *funktionale* Differenzierung einer Gesellschaft. Seit dem Ende des sechzehnten Jahrhunderts sich abzeichnend, habe sich spätestens seit Ende des 19. Jahrhunderts eine Differenzierung der Gesellschaft in nicht füreinander substituierbare Funktionen durchgesetzt. „Gesellschaftsstrukturell gesehen, differenziert sich die Gesellschaft in Teilsysteme, die nicht mehr durch eine allen Systemen gemeinsame Grundsymbolik integriert werden können." So seien funktionale Subsysteme wie das der Politik, der Wirtschaft, der Religion usw. entstanden. Jedes Subsystem operiere dabei aus seiner jeweiligen funktionsspezifischen Perspektive mittels eines binären Codes, der jeweils nur für das entsprechende Subsystem Gültigkeit hat, nicht aber für die Gesamtgesellschaft. Der binäre Code für die Wissenschaft laute beispielsweise „wahr-unwahr", für die Wirtschaft „zahlen-nicht zahlen" usw.[377] Jedes Subsystem operiere dabei nur innerhalb seiner eigenen Grenzen.[378]

Auf diese Trennung bzw. begrifflich-analytische Abgrenzbarkeit von Wirtschaft, Gesellschaft und Staat in der Moderne haben in der Vergangenheit bereits Otto Brunner und Werner Conze hingewiesen. Die Trennung sei ein Produkt der Moderne, welche der alteuropäischen Wirklichkeit mit ihrer unlösbaren Verschränkung ökonomischer, sozialer und

---

[373]Luhmann 1993, Band 1, S. 25.
[374]Kneer/Nassehi 1994, S. 123.
[375]Treibel 1993, S. 24.
[376]Luhmann 1993, Band 1, S. 25-26.
[377]Kneer/Nassehi 1994, S. 131-132.
[378]Kneer/Nassehi 1994, S. 134.

politischer Momente nicht entspreche.[379] Trotzdem angewandt, führe sie zu verzerrenden Ergebnissen.[380]

Folgt man dem Modell von Luhmann, so wird deutlich, warum es weder North noch Sombart gelungen ist, den institutionellen Wandel in seinem historischen Ablauf angemessen zu erfassen. Bei North, der ja von einem explizit modernen wirtschaftstheoretischen Modell ausgeht, wundert das wenig. Überraschender Weise kämpft Sombart mit ähnlichen Problemen, obwohl er doch in seinem Werk ausdrücklich auf die historische Bedingtheit wissenschaftlicher Theorien hinweist. Im Ergebnis läuft es bei beiden auf dasselbe hinaus: Sie verwenden in ihren Arbeiten wirtschaftstheoretische Modelle, die erst ein Ergebnis der funktionalen Differenzierung der Gesellschaft in der Moderne darstellen. Die Reichweite der Erklärungskraft ihrer Instrumentarien erstreckt sich deshalb nur auf die moderne Wirtschaft. Wir bereits in den Kritiken deutlich wurde, können sie so die wirtschaftlichen Zusammenhänge der vormodernen Gesellschaft beziehungsweise die Genese der modernen Gesellschaft nur unzureichend erklären.

Beobachten als erkenntnistheoretisches Modell

„Der Begriff Beobachtung ist auf dem Abstraktionsniveau des Begriffs der Autopoiesis definiert. Er bezeichnet die Einheit einer Operation, die eine Unterscheidung verwendet, um die eine oder andere Seite dieser Unterscheidung zu bezeichnen."[381]

Nach Luhmann setzt sich die Operation des Beobachtens aus zwei verschiedenen Komponenten zusammen: dem Unterscheiden und dem Bezeichnen. „Beobachtung ist somit immer die Bezeichnung *im Rahmen einer Unterscheidung.*" Dieses werde oft verdeckt, da immer nur die Bezeichnung explizit genannt wird. Es sei niemals möglich, beide Seiten der Unterscheidung gleichzeitig zu bezeichnen, nur ein Hinüberwechseln, was aber schon eine weitere Operation und somit Zeit erfordere.[382] Die Beobachtung müsse dabei als Operation verstanden werden, die Identitäten generiert. Dadurch sei eine Anschlussfähigkeit in nicht-beliebiger Weise möglich.

---

[379] Für die antike griechische Geschichte gilt das ebenfalls. Austin/Vidal-Naquet 1984, S. 8-10.
[380] Kocka 1972, S. 306; Brunner 1936, S. 673-675.
[381] Luhmann 1986, S. 266.
[382] Kneer/Nassehi 1994, S. 95-97.

„Die Beobachtung muss als formgebendes Moment verstanden werden."[383]

Ein auf diese Weise definierter Beobachtungsbegriff führe zu einer Reihe epistemologischer Konsequenzen. „Jede Beobachtung ist [...] an die gewählte Unterscheidung gebunden. Die Beobachtung kann also nur sehen, was sie mit Hilfe der Unterscheidung sehen kann, sie kann nicht sehen, was sie mit dieser Unterscheidung nicht sehen kann." Es gebe zudem immer mehrere Unterscheidungsmöglichkeiten, mit denen etwas beobachtet werden könne. Eine Bewertung, ob eine jeweils verwendete Unterscheidung wahr oder auch nur angemessen sei, könne nicht erfolgen.[384] Zudem sei eine Beobachtung im Moment der Beobachtung auch nicht in der Lage sich selbst zu beobachten.

„Eine Selbstbeobachtung der Beobachtung würde bedeuten, dass die Beobachtung, die eine bestimmte Unterscheidung gewählt hat, diese Unterscheidung zugleich bezeichnet und damit beobachtet. Eine Unterscheidung kann aber nur bezeichnet werden, wenn die Unterscheidung selbst wiederum von etwas anderem unterschieden wird. Die Beobachtung *gebraucht* somit eine bestimmte Unterscheidung, aber sie kann die Unterscheidung nicht im gleichen Moment beobachten, d.h. sie kann die verwendete Unterscheidung nicht von etwas anderem unterscheiden und damit auch nicht bezeichnen."[385]

Jede Beobachtung habe also ihren blinden Fleck. Erst eine zweite Beobachtung könne die in der ersten Beobachtung verwendete Unterscheidung beobachten. Diese Beobachtung der Beobachtung nennt Luhmann Beobachtung zweiter Ordnung. Der Beobachter zweiter Ordnung sei natürlich ebenso an seine eigene Unterscheidung gebunden. Er habe ebenfalls einen blinden Fleck und besitze keine privilegierte Position – allerdings liefere er reflexive Einsichten für die eigene Beobachtung. Zum einen könne er zwar nicht seinen eigenen blinden Fleck beobachten, dafür aber den des Beobachters erster Ordnung, und er könne „durch die Beobachtung der Beobachtung Rückschlüsse auf seine eigenen Beobachtungsoperationen ziehen und seinen eigenen Standpunkt relativieren."[386] Eine solche Beobachtung zweiter Ordnung führe schließlich zu einem veränderten Welt-, Seins- und Realitätsverständnis. Während auf der Ebene der Beobachtung erster Ordnung die Welt monokontextural erscheine – sie sei dann stets zweiwertig –

---
[383] Gripp-Hagelstange 1997, S. 43-45.
[384] Kneer/Nassehi 1994, S. 97-100.
[385] Kneer/Nassehi 1994, S. 100.
[386] Kneer/Nassehi 1994, S. 100-102.

ermögliche die Beobachtung zweiter Ordnung eine polykontexturale Sicht der Welt. Das bedeutet, es gibt eine Vielzahl von Unterscheidungsmöglichkeiten, die zwar beobachtet oder kritisiert werden können, eine „richtige" Sicht der Dinge ist aber nicht mehr möglich. „Jede Beobachtung ist eine kontingente Konstruktion, also eine Unterscheidung, die bei einer anders gewählten Unterscheidung auch anders hätte ausfallen können."[387]

Werde nun der unmögliche Versuch gestartet, die beobachtungsleitende Unterscheidung mit in die Beobachtung einzubeziehen, verstricke sich jede Beobachtung, die Vollständigkeit erstrebt, zudem in eine Paradoxie: Die Anwendung der beobachtungsleitenden Unterscheidung auf die Beobachtung führe dann immer zu einer Situation der Unentscheidbarkeit. Die Beobachtung könne dann nur fortgesetzt werden, indem die zugrundeliegende Paradoxie ausgeblendet wird, wobei die jeweilige Form der Entparadoxierung eine kontingente Entscheidung darstelle.[388]

Folgt man Luhmann, dann handelt es sich bei den theoretischen Modellen von North und Sombart um Beobachtungen erster Ordnung. Sombart trifft die Unterscheidung *kapitalistisch/nicht-kapitalistisch*, North die Unterscheidung *wirtschaftlich-effizient/wirtschaftlich-nicht-effizient*. Da sie beide eine universalistische Theorie verfolgen, müssten sie diese „Grundunterscheidung" erklären. Wie Luhmann zeigt, ist das nicht möglich, und beide verstricken sich folgerichtig in Paradoxien oder tautologischen Schlüssen. Sie sind sich nicht darüber im Klaren bzw. sie thematisieren nicht, dass ihre erste „Grundunterscheidung" nur operativ eingeführt werden konnte.[389] Die Frage, warum gerade diese Unterscheidung und keine andere gewählt wurde, bleibt unbeantwortet. Zur Entparadoxierung sehen sich letztlich beide genötigt, exogene Faktoren miteinzubeziehen: im Fall von North das Bevölkerungswachstum,[390] bei Sombart der Einfluss zufälliger Gold- und Silberfunde.[391] Die Einführung einer Theorie der Pfadabhängigkeit des institutionellen Wandels bei North und die Anreicherung der Theorie von Sombart mit immer weiteren Erklärungszusammenhängen der Ursachen der kapitalistischen Entwicklung resultieren meines Erachtens ebenfalls aus dieser Problematik.

Die von Sombart und North verwendeten monokontexturalen Theorien führen somit erkenntnistheoretisch gesehen in eine Sackgasse. Sie ergeben

---

[387] Kneer/Nassehi 1994, S. 102-103.
[388] Kneer/Nassehi 1994, S. 106-107.
[389] Luhmann 1996, S. 80.
[390] Gey 1982, S. 80-81.
[391] Appel 1992, S. 207.

sich, so würde es Luhmann formulieren, aus einem „alteuropäischen", ontologischen Denken, das zwangsläufig Paradoxien und Tautologien produziert.[392]

---

[392] Dazu ausführlich: Luhmann 1996, S. 68-121.

Schlussbemerkung

Wie die rege Diskussion über die „neuen" Wege der Wirtschaftsgeschichte seit Mitte der 90-ziger Jahre zeigt[393], bedarf die Stellung der Wirtschaftsgeschichte auch, oder gerade in den Fachkreisen, einer bisher nicht geleisteten genauen Bestimmung. Seit Ende des zweiten Weltkriegs haben sich die Wirtschaftswissenschaften immer stärker einer „reinen", formallogischen Theorie zugewandt. Zu ihren Vorbildern zählen die Physik und die Mathematik.[394] Ihre unhistorische Ausrichtung und ihre Neigung zur modellhafter Argumentation förderte das wachsende Desinteresse der Wirtschaftswissenschaftler an der Wirtschaftsgeschichte.[395]

Im Gegensatz zu den USA, wo das Aufkommen der „New Economic History" seit Ende der fünfziger Jahre zu einer Hinwendung der Wirtschaftsgeschichte an die Ökonomie führte,[396] verstand man in Deutschland und Frankreich die Wirtschaftsgeschichte eher als Teil einer umfassend gedachten Geschichtswissenschaft und hielt dementsprechend an den historischen Methoden fest.[397] Es wurde zeitweise die Entwicklung einer theoriearmen Wirtschaftshistoriographie gefördert,[398] und Hans Ulrich Wehler mahnte bereits 1970, dass sich die deutsche Wirtschaftsgeschichtswissenschaft in Zukunft in jedem Fall stärker mit Theorien und methodologischen Aspekten beschäftigen müsse.[399] Diese Kluft zwischen der Wirtschaftsgeschichte und der Wirtschaftswissenschaft wird heute in der Fachwelt immer noch mit Bedauern konstatiert.[400]

Das Problem ist dabei gewissermaßen fachimmanent. Während die Ökonomen grundsätzliche Wahrheiten in allgemeinen Prinzipien suchen und deduktiv verfahren, wollen Historiker Einzelereignisse aus ihren ursächlichen historischen Bedingungen erklären. Ihre Probleme sind dynamischer Natur, und sie arbeiten induktiv. Trotzdem muss die Wirtschaftsgeschichte beides tun: sowohl „Denken in Modellen", um der ökonomischen Logik gerecht zu werden und somit Komplexität zu reduzieren, als auch erzählen, „wie es eigentlich gewesen ist", also Komplexität rekonstruieren.

---

[393] Pohl 1995, S. 387.
[394] Tilly 1996, S. 12.
[395] Kocka 1995, S. 503-504.
[396] Tilly 1996, S. 26.
[397] Kocka 1972, S. 305-306.
[398] Tilly 1996, S. 26.
[399] Wehler 1970, S. 107; ebenso Tilly 1969.
[400] Ziegler 1997, S. 411; Komlos 1995, S. 408-409.

Darin liegen ihr Reiz und ihr Dilemma.[401] Um auf diesem Gebiet neue Erkenntnisse zu gewinnen, schlägt zum Beispiel Christian Meier vor, erst eine Theorie im jeweiligen Epochen-Kontext aufzustellen und dann eine allgemeine, weit über die einzelnen Epochen herausführende Theorie mit ins Boot zu holen, da nur auf diese Weise die Beziehung der besonderen Phänomene und Kontexte zueinander möglich sei.[402] Daraus folgt letztlich eine Forderung nach einem interdisziplinären Ansatz, wie er heute auch von vielen anderen Wirtschaftshistorikern gestellt wird.[403] Cristoph Buchheim empfiehlt Wirtschaftshistorikern in diesem Zusammenhang eine Kombination aus gesundem Theorieneklektezismus und der klassischen historischen Methode der Quellenauswahl und Quellenkritik.[404]

Genau genommen, meint Rolf Walter, kann man eigentlich jede Theorie verwenden: „Solange ein Modell der gedanklichen Strukturierung dient, die geistige Kreativität anregt und man sich seiner Relativität und begrenzten Aussagekraft bewusst ist, sollte man seine Zweckdienlichkeit anerkennen."[405] Das gilt selbstverständlich auch für die neo-klassischen ökonomischen Theorien.[406] Für einen umfassenden allgemeinen Ansatz in der Wirtschaftsgeschichte bedeutet dies, dass er sowohl theoretisch-systematische Methoden aufnehmen, als auch der Kontingenz der historischen Entwicklung angemessen sein muss.[407]

Wie können in diesen Zusammenhang die Theorien von Sombart und North eingeordnet werden? Beide machen deutlich, dass eine Wirtschaftsgeschichte ohne eine systematische Theorie heuristisch ungenügend bleiben muss. Sie haben erkannt, dass der jeweilige historische Kontext für die Wirtschaft einer Gesellschaft von Bedeutung ist, was aus ihrer Sicht von der neo-klassischen Theorie zu Unrecht vernachlässigt wird. Außerdem betonen beide die wesentliche Bedeutung der Institutionen einer Gesellschaft für ihre wirtschaftliche Ausprägung. Darüber hinaus mag die von Sombart geschaffene Theorie des Wirtschaftssystems für vergleichende Analysen zwischen unterschiedlichen Gesellschaften noch von Nutzen

---

[401] Pierenkemper 1995a, S. 173.
[402] Meier 1976, S. 55.
[403] Ambrosius 1996, S. 351-352; Buchheim 1995, S. 390-391; Komlos 1995, S. 408-409; Wischermann 1993; S. 256.
[404] Buchheim 1995, S. 390-391; ebenso: Pierenkemper 1995a, S. 170-171; Walter 1994, S. 30; Geschichtswissenschaft und Neue Institutionen Ökonomie sind nicht als Gegensatz, sondern komplementär zu begreifen. Tilly 1994, S. 149
[405] Walter 1994, S. 32.
[406] Ziegler 1997, S. 412.
[407] Plumpe 1997, S. 17; Priddat 1995b, S. 286.

sein. Aber gerade im Zusammenhang mit seiner „verstehenden" Soziologie hat sich Sombart erkenntnistheoretisch ins Abseits begeben.[408] Betrachtet man den Zusammenhang zwischen Objekt und Subjekt, zwischen Sein und Denken als dynamisch, dann wirkt seine „verstehende" Nationalökonomie als wirklichkeitsfremde Wirtschaftsontologie.[409]

Im Gegensatz dazu liefert North ein differenzierteres Bild. Weil er sich im Umfeld der neo-klassischen ökonomischen Theorie bewegt, besteht bei ihm die Gefahr, dass die „New Economic History" die Wirtschaftsgeschichte zu einem Anhängsel eben dieser Theorie macht und sich die geforderte Interdisziplinarität so nicht durchsetzen lässt.[410] Hinzu kommt, dass seine Arbeiten den im Neoklassismus noch offensichtlichen Modellcharakter der Theorie verschleiern: Was lediglich eine Beschreibung von institutionellen Phänomenen ist, setzt er dem Leser als Erklärung der Realität vor.[411]

Andererseits bietet seine Theorie die Möglichkeit, die geschwächte Beziehung zwischen Wirtschaftsgeschichte und Wirtschaftswissenschaft wiederherzustellen.[412] Insbesondere der Einbau der Pfadabhängigkeit des institutionellen Wandels und der Ideologie als handlungsleitendes Motiv von Individuen bedeutet die Loslösung von einem ökonomischen zu einem evolutionären Theorieansatz, ohne dass dieser Wechsel allerdings völlig gelingt.[413] Denn:

> „Wir können – wenn wir North' ‚Pfad des historischen Wandels' folgen – innerhalb eines einmal historisch entstandenen Nexus möglicherweise die Grenzen seines Operationsbereiches beschreiben, nicht aber ‚Gesetzmäßigkeiten' konstruieren, nach denen die Änderung des institutionellen Pfades selbst verlaufen muss. Denn wir müssen anerkennen, dass ‚Geschichte' ein komplexes Phänomen ist, das sich aus singulären Ereignishaftigkeiten zusammensetzt."[414]

---

[408] Taubner 1948, S. 143; Korsch 1930, S. 448.
[409] Taubner 1948, S. 142.
[410] Buchheim 1995, S. 390-391.
[411] Terberger 1994, S. 44-45.
[412] Borchardt 1977, S. 156; Buchheim 1997, S. 13; Tilly 1994, S. 146.
[413] Leipold 1996, S. 99.
[414] Priddat 1995b, S. 299.

Vielversprechend erscheint eine Verbindung von einem institutionalistischen Modell mit einer allgemeinen Theorie sozialer Evolution.[415] Dadurch ließe sich der Platz der allgemeinen Wirtschaftsgeschichte im Rahmen der Sozialwissenschaften als zugleich systematisches und historisches Fach begründen.[416]

---

[415]Wegehenkel 1984, S. 33; im weiteren hierzu: Luhmann 1976, S. 284-309.
[416]Plumpe 1997, S. 17.

LITERATURVERZEICHNIS

Adler, Max (1903); Sombarts „historische Sozialtheorie"; in: Die Neue Zeit; Band 21/1; 1903; S. 550-560

Albert, Hans (1972); Modell-Platonismus. Der neoklassische Stil des ökonomischen Denkens in kritischer Beleuchtung; in: Topitsch, E. (Hg.); Logik der Sozialwissenschaften; 8. Auflage; Köln 1972; S. 406-434 (zuerst in: Albert, H. u. a. (Hg.); Sozialwissenschaft und Gesellschaftsgestaltung. Festschrift für Gerhard Weisser; Berlin 1963; S. 45-76

Ambrosius, Gerold (1996); Wirtschaftsordnungen; in: Ambrosius, G./Petzina, D./Plumpe W. (Hg.); Moderne Wirtschaftsgeschichte. Eine Einführung für Historiker und Ökonomen; München 1996; S. 339-355

Appel, Michael (1987); Der moderne Kapitalismus im Urteil zeitgenössischer Besprechungen; in: Brocke vom, B. (Hg.); Sombarts moderner Kapitalismus. Materialien zur kritischen Rezeption; München 1987; S. 67-87

ders. (1992); Werner Sombart - Historiker und Theoretiker des modernen Kapitalismus; Marburg 1992

Austin, M./Vidal-Naquet, P. (1984); Gesellschaft und Wirtschaft im alten Griechenland; München 1984 (zuerst franz. 1972)

Backhaus, Jürgen (1989a); Werner Sombarts Konjunkturtheorie; in: Schefold, B. (Hg.); Studien zur Entwicklung der ökonomischen Theorie VII; Schriften des Vereins für Socialpolitik; Neue Folge Band 115/VII; 1989; S. 77-90

ders. (1989b); Sombart´s Modern Capitalism; in: Kyklos; Band 42; 1989; S. 599-611

ders. (1996); Werner Sombart (1863-1941) Social Scientist; Band I-III; Marburg 1996

Betz, Horst (1993); Von Schmoller zu Sombart; in: Backhaus, J. (Hg.); Gustav von Schmoller und die Probleme von heute; Berlin 1993; S. 221-242

Borchardt, Knut (1977); Der „Property Rights-Ansatz" in der Wirtschaftsgeschichte. Zeichen für eine systematische Neuorientierung des Faches?; in: Kocka, J. (Hg.); Theorien in der Praxis des Historikers; Geschichte und Gesellschaft; Sonderheft 3; Göttingen 1977; S. 140-160

Braunthal, Alfred (1928); Werner Sombart. Das Wirtschaftsleben im Zeitalter des Hochkapitalismus; in: Die Gesellschaft; Band 5; 1928; S. 375-378 (hier zitiert aus Brocke 1987a, S. 269-275)

Brinkmann, Carl (1941); Werner Sombart; in: Weltwirtschaftliches Archiv; Band 54/2; 1941; S. 1-12

Brocke vom, B. (1972); Werner Sombart; in: Wehler, H. U. (Hg.); Deutsche Historiker; Göttingen 1972; S. 130-148

ders. (Hg.) (1987a); Sombarts „Moderner Kapitalismus". Materialien zur Kritik und Rezeption; München 1987

ders. (1987b); Werner Sombart 1863-1941. Eine Einführung in Leben, Werk und Wirkung; in: ders. (Hg.); Sombarts „Moderner Kapitalismus". Materialien zur Kritik und Rezeption; München 1987; S. 11-67

Brunner, Otto (1936); Zum Problem der Sozial- und Wirtschaftsgeschichte; Zeitschrift für Nationalökonomie; Band 7; 1936; S. 671-685

Buchheim, Christoph (1995); Die Sicherung der Interdisziplinarität als Kernbestandteil des Faches Wirtschafts- und Sozialgeschichte; in: Vierteljahrschrift für Sozial- und Wirtschaftsgeschichte; Band 82/3; 1995; S. 390-391

ders. (1997); Einführung in die Wirtschaftsgeschichte; München 1997

Carruthers, Bruce G. (1990); Politics, Propery and Property: A Comment on North and Weingast; in: The Journal of Economic History; Band 50/1; 1990; S. 693-698

Chaloupek, Günther (1996); Werner Sombarts „ Spätkapitalismus" und die langfristige Wirtschaftsentwicklung; in: Wirtschaft und Gesellschaft; Band 22/3; 1996; S. 385-400 (deutsche Übersetzung des Beitrags aus Backhaus 1996)

Coase, Roland (1984); The New Institutional Economic; in: Zeitschrift für die gesamte Staatswissenschaft; Band 140; 1984; S. 229-231

Commons, J. R./Perlman (1929); Review of: Werner Sombart: Der Moderne Kapitalismus; Bände I, II u. III; 2. A.; München/Leipzig 1928; in: The American Economic Review; Band 19; 1929; S. 78-90

Delbrück, Hans (1903); Besprechung von Werner Sombarts „Der Moderne Kapitalismus" Band I/II und „Die deutsche Volkswirtschaft im Neunzehnten Jahrhundert"; in: Preußische Jahrbücher; Band 113; 1903; S. 333-350

Dobb, M. (1972); Entwicklung des Kapitalismus; Köln/Berlin 1972

Dopsch, Alfons (1919); Werner Sombart, Der Moderne Kapitalismus, in: Archiv für die Geschichte des Sozialismus und der Arbeiterbewegung; Band 8; 1919; S. 330-382

Drechsler, Wolfgang; The Revisiting of Werner Sombart: Implications for German Sociological Thinking and for the German Debate about the past; in: Backhaus, J. (Hg.); Werner Sombart (1863-1941) Social Scientist; Band 3. Then and Now; Marburg 1996; S. 287-296

Dugger, William M. (1980); Property Rights, Law, and John R. Commons; in: Review of Social Economy; Band 38; 1980; S. 41-53

ders. (1990); The New Institutionalism: New But Not Institutionalist; in: Journal of Economic Issues; Band 24/2; 1990; S. 423-431

Eckert, Christian (1928); Glück und Glanz des Kapitalismus. Betrachtung und Beurteilung von Werner Sombarts großem Werk; in: Kölner Vierteljahrshefte für Soziologie; Band 7/1; 1928; S. 54-80 (hier zitiert aus Brocke 1987a, S. 275-302)

Engel, Werner (1933); Max Webers und Werner Sombarts Lehre von den Wirtschaftsgesetzen. Ein Beitrag zur Frage der Gesetzesbildung in den Geisteswissenschaften; Berlin 1933

Faulenbach, Bernd (1980); Ideologie des deutschen Weges. Die deutsche Geschichte in der Historiographie zwischen Kaiserreich und Nationalsozialismus; München 1980

Feldmann, Horst (1995); Eine institutionalistische Revolution? Zur dogmenhistorischen Bedeutung der modernen Institutionenökonomik; Berlin 1995

Fenoaltea, S. (1975); The Rise and Fall of a Theoretical Model: The Manorial System; in: Journal of Economic History; Band 35; 1975; S. 386-409

Field, A. J. (1981); The Problem with Neoclassical Institutional Economics: A Critique with Special Reference to the North/Thomas Model of Pre-1500 Europe; in: Explorations in Economic History; Band 18; 1981; S. 174-198

Furbotn, E. G./Richter, R. (1984); The New Institutional Economics; in: Zeitschrift für die gesamte Staatswirtschaft; Band 140; 1984; S. 1-6

Fusfeld, D. R. (1977); The Development of Economic Issues; in: Journal of Economic Issues; Band 11/4; 1977; S. 743-784

Gey, Peter (1982); Zum Verhältnis von Theorie und Geschichte in der Property-Rights-Ökonomie; in: Backhaus, J./Nutzinger, H. G. (Hg); Eigentumsrechte und Partizipation; Frankfurt/M 1982; S. 73-103

Goldin, Claudia (1995); Cliometrics and the Nobel; in: The Journal of Economic Perspectives; Band 9/2; 1995; S. 191-208

Gripp-Hagelstange (1997); Niklas Luhmann. Eine erkenntnistheoretische Einführung; 2. Auflage; München 1997

Hagemann, Harald/Landesmann, Michael (1996); Sombart and economic dynamics; in: Backhaus, J. (Hg.); Werner Sombart (1863-1941) Social Scientist; Band II. His Theoretical Approach Reconsidered; Marburg 1996; S. 179-204

Hicks, J. (1974); Rezension zu North/Thomas. The Rise of the Western World; in: Economic History Review; Band 27; 1974; S. 692-694

Hilferding, Rudolf (1903); Werner Sombart. Der Moderne Kapitalismus; in: Zeitschrift für Volkswirtschaft, Sozialpolitik und Verwaltung; Band 12; 1903; S. 446-453 (hier zitiert aus Brocke 1987a, S. 136-147)

Hintze, Otto (1929); Der moderne Kapitalismus als historisches Individuum. Ein kritischer Bericht über Sombarts Werk; in: Historische Zeitschrift; Band 139; 1929; S. 457-509 (hier zitiert aus Hintze 1964, S. 374-426)

ders. (1964); Soziologie und Geschichte Band II; hrsg. von Gerhard Oestreich; 2. erweiterte Auflage; Göttingen 1964

Hutter, M. (1974/5); The Property Rights Paradigm; in: JNSt; Band 188; S. 552-556

ders./Teubner, G. (1994); Der Gesellschaft fette Beute. *Homo juridicus* und *homo oeconomicus* als kommunikationserhaltende Fiktionen; in: Fuchs, P./Göbel, A. (Hg.); Der Mensch - das Medium der Gesellschaft?; Frankfurt/M; 1994; S. 110-145

Jahn, Georg (1967); Die Historische Schule der Nationalökonomie und ihr Ausklang - Von der Wirtschaftsgeschichte zur geschichtlichen Theorie; in: Montaner, A. (Hg.); Geschichte der Volkswirtschaftslehre; Köln/Berlin 1967; S. 41-50 (zuerst in: Festgabe für Friedrich Bülow zum 70. Geburtstag; Berlin 1960; S. 139ff.)

Jones, A. (1972); The Rise and Fall of the Manorial System: A Critical Comment; in: Journal of Economic History; Band 32; 1972; S. 938-944

Käsler, Dirk (1984); Die frühe deutsche Soziologie 1909 bis 1934 und ihre Entstehungs-Milieus; Opladen 1984

Kieser, Alfred (1988); Erklären die Theorie der Verfügungsrechte und der Transaktionskostenansatz historischen Wandel von Institutionen?; in: Buddäus, D./Gerum, E./Zimmermann, G. (Hg.); Betriebswirtschaftslehre und Theorie der Verfügungsrechte; Wiesbaden 1988; S. 299-325

Kneer, G./Nassehi, A. (1994); Niklas Luhmanns Theorie sozialer Systeme; 2. Auflage; München 1994

Kocka, J. (1972); Theorieprobleme der Sozial- und Wirtschaftsgeschichte; in: Wehler, H.-U. (Hg.); Geschichte und Soziologie; Köln 1972; S. 305-330

ders. (1976); Kommentar zu: D. C. North: Economic Theory of the Growth of Western Europe; in: Industrialisierung und „Europäische Wirtschaft" im 19. Jahrhundert; Berlin/New York 1976; S. 126-129

ders. (1995); Bodenverluste und Chancen der Wirtschaftsgeschichte; in: Vierteljahrschrift für Sozial- und Wirtschaftsgeschichte; Band 82; 1995; S. 501-504

Komlos, John (1995); Die Zukunft der Wirtschaftsgeschichte in Europa; in: Vierteljahrschrift für Sozial- und Wirtschaftsgeschichte; Band 82/3; 1995; S. 404-408

Korsch, K. (1930); Sombarts „verstehende Nationalökonomie"; in: Archiv für die Geschichte des Sozialismus und der Arbeiterbewegung; Band 15; 1930; S. 436-448

Kosellek, Reinhart (1987); Moderne Sozialgeschichte und historische Zeiten; in: Rossi, P.; Theorie der modernen Geschichtsschreibung; Frankfurt/M 1987; S. 173-190

Kraft, Jürgen (1962); Das Verhältnis von Nationalökonomie und Soziologie; Göttingen 1962

Krause, W. (1961); Werner Sombart als bürgerlicher Reformist, Politökonom und Soziologe; in: Wirtschaftswissenschaft; Band 9; 1961; S. 522-535

ders. (1962); Sombarts Weg vom Kathedersozialismus zum Faschismus; Berlin 1962

Krohn, C. D. (1981); Wirtschaftstheorien als politische Interessen; Frankfurt/M 1981

Kuczynski, Jürgen (1968); Werner Sombart; in: International Enxyclopedia of the Social Sciences; Band 15; New York 1968

Landes, David S. (1976); Kommentar zu: D. C. North: Economic Theory of the Growth of Western Europe; in: Industrialisierung und „Europäische Wirtschaft" im 19. Jahrhundert; Berlin/New York 1976; S. 125-126

Leipold, Helmut (1996); Zur Pfadabhängigkeit der institutionellen Entwicklung. Erklärungsansätze des Wandels von Ordnungen; in: Cassel, Dieter (Hg.); Entstehung und Wettbewerb von Systemen; Berlin 1996; S. 93-117

Lenger, Friedrich (1994); Werner Sombart: 1863-1941. Eine Biographie; München 1994

ders. (1996); Marx, the Crafts, and the First Edition of *Modern Capitalism*; in: Backhaus, J. (Hg.); Werner Sombart (1863-1941) Social Scientist; Band III. His Theoretical Approach Reconsidered; Marburg 1996; S. 251-273

Libecap, G. D. (1992) ; Rezension zu North D. C.: Institutions, institutional change and economic performance; in: Journal of Economic Literature; Band 30/1; 1992; S. 221-223

Lindenlaub, Dieter (1967); Richtungskämpfe im Verein für Sozialpolitik; Wiesbaden 1967

Loader, C. u.a. (1991); Thorstein Veblen, Werner Sombart and the Periodiziation of History; in: Journal of Economic Issues; Band 25/2; 1991; S. 421-429

Luhmann, Niklas (1976); Evolution und Geschichte; in: Geschichte und Gesellschaft; 2. Jahrgang; 1976; S. 284-309

ders. (1986), Ökologische Kommunikation. Kann die Gesellschaft sich auf ökologische Gefährdungen einstellen?; Opladen 1986

ders. (1993); Gesellschaftsstruktur und Semantik; Band 1; Frankfurt/M (Suhrkamp Tb) 1993 (zuerst 1980)

ders. (1996); Die Wirtschaft der Gesellschaft; 2. Auflage; Frankfurt/M (Suhrkamp Tb) 1996 (zuerst 1988)

Mayhew; Anne (1982); Comment: „The First Economic Revolution" as fiction; in: Economic History Review; Band 35/2; 1982; S. 568-571

Meier, Christian (1976); Der Alltag des Historikers und die historische Theorie; in: Baumgartner, H. M./Rüsen, J. (Hg.); Geschichte und Theorie; Frankfurt/M 1976; S. 36-85

Meiners, R./Nardinelli, C. (1988); Schmoller, the Methodenstreit and the development of economic history; in: Journal of Institutional and Theoretical economics; Band 144; 1988; S. 543-551

Milward, Alan S. (1976); Kommentar zu: D. C. North: Economic Theory of the Growth of Western Europe; in: Industrialisierung und „Europäische Wirtschaft" im 19. Jahrhundert; Berlin/ New York 1976; S. 131-132

Mitchell, W. C. (1928/29); Sombarts Hochkapitalismus; in: The Quarterly Journal of Economics; Band 43; 1928/29; S. 303-323

Mitscherlich, Waldemar (1930); Das Wirtschaftsleben des Kapitalismus. Eine Auseinandersetzung mit Werner Sombart; in: Schmollers Jahrbuch; Band 54; 1930; S. 457-504

Mitzman, Arthur (1973); Sociology and Estrangement. Three Sociologists of Imperial Germany; New York 1973

ders. (1988); Persönlichkeitskonflikt und weltanschauliche Alternativen bei Werner Sombart und Max Weber; in: Mommsen, W. J./Schwentker, W. (Hg.); Max Weber und seine Zeitgenossen; Göttingen/Zürich 1988; S. 137-146

Mommsen, Wolfgang J. (1987); Geschichte als Historische Sozialwissenschaft; in: Rossi, Pietro (Hg.); Theorie der modernen Geschichtsschreibung; Frankfurt/M 1987; S. 107-146

Naumann, F. (1902); Die Vorgeschichte des Kapitalismus; in: Die Zeit 1; Band 28; 1902; S. 35ff. (hier zitiert nach Brocke 1987a, S. 107-123)

North, D. C. (1966); Growth and Welfare in the American Past; New York 1966

ders. (1968a); The Growth of the American Economy to 1860; Columbia/S.C. 1968

ders. (1968b); Sources of Productivity Change in Ocean Shipping 1600-1800; in: Journal of Political Economy, Band 76; 1968; S. 953-970

ders./Miller, R. L. (1971a); The Economics of Public Issues; New York 1971

ders./Davis, L. E. (1971b); Institutional Change and American Economic Growth; Cambridge 1971

ders./Thomas, R. P. (1971c); The Rise and Fall of the Manorial System: A Theoretical Model; in: Journal of Economic History; Band 31/4; 1971; S. 777-803

ders./Thomas, R. P. (1973); The Rise of the Western World. A New Economic History; Cambridge 1973

ders./Thomas R. P. (1977); The First Economic Revolution; in: The Economic History Review; Band 30/2; 1977; S. 229-241

ders. (1984); Transaction Costs; Institutions, and Economic History; in: Journal of Institutional and Theoretical Economics; Band 140; 1984; S. 7-17

ders. (1988); Theorie des institutionellen Wandels, Tübingen 1988 (zuerst engl. 1981)

ders./Weingast, B. R. (1989); Constitutions and Commitment: The Evolution of Institutions Governing Public Choice in Seventeenth-Century England; in: Journal of Economic History; Band 49/4; 1989; S. 803-832

ders. (1992); Institutionen, institutioneller Wandel und Wirtschaftsleistung, Tübingen 1992 (zuerst engl. 1990)

ders. (1993); Institutions and Credible Commitment; in: Journal of Institutional and Theoretical Economics; Band 149/1; 1993; S. 11-23

ders. (1994a); Economic Performance Through Time; in: The American Economic Review; Band 84/3; 1994; S. 359-368

ders./Denzau A. T. (1994b); Shared Mental Models: Ideologies and Institutions; in: Kyklos; Band 47; 1994; S. 3-31

ders. (1994c); The Historical Evolution of Polities; in: International Review of Law and Economics; Band 14; 1994; S. 381-391

ders. (1997); Cliometrics - 40 Years Later; in: The American Economic Review; Band 87/2; 1997; S. 412-414

Olson, Mancur J. (1968); Die Logik des kollektiven Handelns; Tübingen 1968

Parker, William N. A. (1993); „New" Business History? A Commentary on the 1993 Nobel Prize in Economics; in: Business History Review; Band 67/1; 1993; S. 623-636

Parsons, Talcott (1928); „Capitalism" in Recent German Literature: Sombart and Weber; in: The Journal of Political Economy; Band 36/6; 1928; S. 641-661 (hier zitiert aus Brocke 1987a, S. 303-321)

Pasemann, Dieter (1985); Werner Sombarts Gesellschafts- und Geschichtserklärung; in: Küttler, W. (Hg.); Gesellschaftstheorie und geschichtswissenschaftliche Erklärung; Berlin 1985; S. 357-398

Pierenkemper, T. (1995a); Gebunden an zwei Kulturen; in: Jahrbuch für Wirtschaftsgeschichte; 1995/2; S. 163-176

ders. (1995b); Was ist eigentlich Wirtschafts- und Sozialgeschichte? - oder: Still playing Hamlet without the prince; in: Vierteljahrschrift für Sozial- und Wirtschaftsgeschichte; Band 82; 1995; S. 398-400

Plotnik, M. J. (1937); Werner Sombart and his Type of Economics; New York 1937

Plumpe, Werner (1997); Gustav Schmoller und der Institutionalismus. Zur Bedeutung der historischen Schule der Nationalökonomie für die moderne Wirtschaftsgeschichtsschreibung; Manuskript Bochum 1997 (erscheint in: Geschichte und Gesellschaft; Heft 2; 1999)

Pohl, Hans (1995); Wirtschafts- und Sozialgeschichte - Neue Wege? Zum wissenschaftlichen Standort des Faches; in: Vierteljahrschrift für Sozial- und Wirtschaftsgeschichte; Band 82;1995; S. 387

Polanyi, Karl (1964); Ökonomie und Gesellschaft; Frankfurt/M 1964

Pollard, Sidney (1984); Transaction Costs, Institutions, and Economic History. Comment; in: Journal of Institutional and Theoretical Economics, Band 140; 1984; S. 18-19

Popper, Karl (1976); Hat die Weltgeschichte einen Sinn?; in: Baumgartner, Hans Michael/Rösner, Jörn (Hg.); Geschichte und Theorie; Frankfurt/M 1976; S. 305-336

Priddat, Birger P. (1993); Douglass C. North und Robert W. Fogel. Anmerkungen zu den Nobelpreisträgern 1993; in: Wirtschaftsdienst, 1993/XI; S. 603-608

ders. (1995a); Ökonomie und Geschichte: Zur Theorie der Institutionen bei D. C. North; in: Seifert, E: K./Priddat B. P. (Hg.); Neuorientierungen in der ökonomischen Theorie. Zur moralischen, institutionellen und evolutorischen Dimension des Wirtschaftens; Marburg 1995

ders. (1995b); Die andere Ökonomie. Eine neue Einschätzung von Gustav Schmollers Versuch einer „ethisch-historischen" Nationalökonomie im 19. Jahrhundert; Marburg 1995

ders. (1996); Werner Sombart's late Economic Thinking; in: Backhaus, J. G. (Hg.); Werner Sombart (1863-1941) Social Scientist; Band I. His Life and Work; Marburg 1996; S. 271-296

Reuter, Norbert (1996); Der Institutionalismus. Geschichte und Theorie der evolutionären Ökonomie; 2. Auflage; Marburg 1996

Richter, Rudolf (1990); Sichtweise und Fragestellungen der Neuen Institutionenökonomik; in: Zeitschrift für Wirtschafts- und Sozialwissenschaft Band 110; 1990; S. 571-595

ders. (1994); Institutionen ökonomisch analysiert; Tübingen 1994

ders./Furubotn, E. G. (1996); Neue Institutionenökonomik; Tübingen 1996

Ringer, Fritz K. (1969); The Decline of the German Mandarins. The German Academic Community 1890-1933; Cambridge/Mass. 1969

Ringrose, D. R. (1973); European Economic Growth: Comments on the North-Thomas Theory; in: Economic History Review; Band 26; 1973; S. 285-292

Rostow, W. W. (1982); Rezension zu North D. C.: Structure and Change in Economic History; in: Business History Review; Band 56; 1982; S. 299-301

Rüstow, Alexander (1941) ; Sombarts „Kapitalismus" und das Arbeitsziel der Historischen Schule; in: Revue de la Faculté des Sciences Economiques de l´Unversité d´Istanbul; Band 3; 1941/42; S. 78-92 (hier zitiert aus Brocke 1987a, S. 378-393)

Salin, Edgar (1927); Hochkapitalismus. Eine Studie über Werner Sombart, die deutsche Volkswirtschaftslehre und das Wirtschaftssystem der Gegenwart; in: Weltwirtschaftliches Archiv; Band 25/1; 1927; S. 314-344

Schack, Herbert (1967); Das Menschenbild in der Geschichte der Volkswirtschaftslehre; in: Montaner, A. (Hg.); Geschichte der Volkswirtschaftslehre; Köln/Berlin 1967; S. 341-355 (zuerst in: Festgabe für Friedrich Bülow zum 70. Geburtstag; Berlin 1960; S. 301ff.)

Schefold, B. (1987); Sombart, Werner; in: The New Palgrave; Band 4; London 1987; S. 422-423

ders. (1994); Nationalökonomie und Kulturwissenschaften: Das Konzept des Wirtschaftsstils; in: Knörr, K. W. u. a. (Hg.); Geisteswissenschaften zwischen Kaiserreich und Republik; Stuttgart 1994; S. 215-242

Schenk, K. E. (1992); Die neue Institutionenökonomie. Ein Überblick über wichtige Elemente und Probleme der Weiterentwicklung; in: Zeitschrift für Wirtschafts- und Sozialwissenschaften; Band 112; 1992; S. 339-378

Schmidt, Conrad (1902); Sombarts Buch über den modernen Kapitalismus; in: Sozialistische Monatshefte; Band 6; 1902; S.672-685 (hier zitiert aus Brocke 1987, S. 124-135)

Schmidt, Karl-Heinz (1991); Zum 50. Todestag von Werner Sombart; in: Wirtschaftsdienst;71. Jahrgang; Band 5; 1991; S. 258-261

Schmoller, Gustav (1903); Werner Sombart. Der moderne Kapitalismus; in: Schmollers Jahrbuch; Band 27; 1903; S. 292-300 (hier zitiert aus Brocke 1987a, S. 135-146)

Schulz, Günther (1995); Die neuere deutsche Wirtschaftsgeschichte. Themen - Kontroversen - Erträge der Forschung; in: Feldkirchen, W. u. a. (Hg.); Wirtschaft, Gesellschaft, Unternehmen, Festschrift für H. Pohl; Band 1, Stuttgart 1995; S. 401ff.

Schumpeter, Joseph A. (1927); Sombarts Dritter Band; in: Schmollers Jahrbuch; Band 51/3; 1927; S. 349-369 (hier zitiert aus Brocke 1987a, S. 196-219)

Seidenfus, Hellmut St. (1960); Werner Sombart und die reine Theorie; in: Jahrbuch für Sozialwissenschaft; Band 11; 1960; S. 257-269

Senn, Peter R. (1996); Judgement in History: The Case of Werner Sombart; in: Backhaus, J. (Hg.); Werner Sombart (1863-1941) Social Scientist; Band III. Then and Now; Marburg 1996; S. 297-321

Sombart, Werner (1902); Der moderne Kapitalismus; 2 Bände; Leipzig 1902

ders. (1911); Die Juden und das Wirtschaftsleben; Leipzig 1911

ders. (1913a); Der Bourgeois. Zur Geistesgeschichte des modernen Wirtschaftsmenschen; München/Leipzig 1913

ders. (1913b); Luxus und Kapitalismus; München/Leipzig 1913

ders. (1913c); Krieg und Kapitalismus; München/Leipzig 1913

ders. (1915); Händler und Helden. Patriotische Besinnungen; München/Leipzig 1915

ders. (1920); Probleme der Wirtschaftsgeschichte; in: Schmollers Jahrbuch, Band 44/4; 1920; S. 73-91

ders. (1924); Der proletarische Sozialismus; 2 Bände; Jena 1924

ders. (1925); Prinzipielle Eigenart des modernen Kapitalismus; in: Grundriß der Sozialökonomik; Band 4/1; 1925; S. 1-26

ders. (1927); Die Ordnung des Wirtschaftslebens, 2. verbesserte Auflage; Berlin 1927 ders. (1930); Die Drei Nationalökonomien. Geschichte und System der Lehre von der Wirtschaft; München/Leipzig 1930

ders. (1931a); Wirtschaft; in: Vierkandt, A. (Hg.); Handwörterbuch der Soziologie; Stuttgart 1931; Neudruck 1959; S. 652-659

ders. (1931b); Kapitalismus; in: Vierkandt, A. (Hg.); Handwörterbuch der Soziologie; Stuttgart 1931; Neudruck 1959; S. 258-277

ders. (1932); Die Zukunft des Kapitalismus; Berlin 1932 (hier zitiert aus Brocke 1987a, S. 394-418)

ders. (1938); Weltanschauung, Wissenschaft und Wirtschaft; Berlin 1938

ders. (1960); Allgemeine Nationalökonomie. Nach Vorlesungen und Seminarübungen bearbeitet und herausgegeben von Dr. phil. Walter Chemnitz; Berlin 1960

ders. (1987); Der moderne Kapitalismus; 3 Bände; München 1987; Reprint TV (Band I und Band II, 2. neugearbeitete Auflage, zuerst 1916; Band III zuerst 1927)

Surányi-Unger, Theo (1928); Die Wirtschaftstheorie bei Sombart; in: Jahrbücher für Nationalökonomie und Statistik; Band 73; 1928; S. 161-180

Taubner, Ernst (1948); Werner Sombarts „Die drei Nationalökonomien". Eine wissenssoziologische Untersuchung seines Werkes; Heidelberg 1948

Teichova, Alice (1976); Kommentar zu: D. C. North: Economic Theory of the Growth of Western Europe; in: Industrialisierung und „Europäische Wirtschaft" im 19. Jahrhundert; Berlin/New York 1976; S. 133-134

Terberger, Eva (1994); Neo-institutionalistische Ansätze: Entstehung und Wandel - Anspruch und Wirklichkeit; Wiesbaden 1994

Tiburtius, Joachim (1964); Zum Gedenken Werner Sombarts; in: Schmollers Jahrbuch; Band 84; 1964; S. 257-299

Tietzel, M. (1991); Der Neue Institutionalismus auf dem Hintergrund der alten Ordnungsdebatte; in: Jahrbuch für Neue Politische Ökonomie; Band 10; 1991; S. 3-20

Tilly, Richard (1969); Soll und Haben. Recent German Economic History and the Problem of Economic Development; in: Journal of Economic History; Band 29; 1969; S. 298-319

ders. (1994); Einige Bemerkungen zur theoretischen Basis der modernen Wirtschaftsgeschichte; in: Jahrbuch für Wirtschaftsgeschichte; Band 1; 1994; S. 131-151

ders. (1996); Wirtschaftsgeschichte als Disziplin; in: Ambrosius, G./ Petzina, D./Plumpe, W. (Hg.); Moderne Wirtschaftsgeschichte. Eine Einführung für Historiker und Ökonomen; München 1996; S. 11-29

Töttö, Pertti (1996); In Search of the U-turn. A Critique of Dieter Lindenlaub's Interpretation of Werner Sombart's Methodological Development; in: Backhaus, J. (Hg.); Werner Sombart (1863-1941) Social Scientist, Band 1. His Life and Work; Marburg 1996, S. 227-241

Treibel, Annette (1993); Einführung in soziologische Theorien der Gegenwart; Opladen 1993

Türk, Klaus (1987); Einführung in die Soziologie der Wirtschaft, Stuttgart 1987

Veblen, T. B. (1902/03); Rezension zu: „Der Moderne Kapitalismus"; in: Journal of Political Economy; Band 11; 1902/03; S. 300-305

Waibl, Elmar (1989); Ökonomie und Ethik II. Die Kapitalismusdebatte; Stuttgart/Bad Cannstatt 1989

Walter, Rolf (1994); Einführung in die Wirtschafts- und Sozialgeschichte; Paderborn/München/Wien/Zürich 1994

Weber, Max (a) (1904); Die Objektivität sozialwissenschaftlicher und sozialpolitischer Erkenntnis; 1904; in: ders.; Gesammelte Aufsätze zur Wissenschaftslehre; hrsg. von J. Winkelmann; 7. Auflage; Tübingen 1980; S. 146-214

Weber, Max (b) (1927); Der moderne Kapitalismus; in: Gewerkschaftliche Rundschau für die Schweiz; Band 19; 1927; S. 240-245

Wegehenkel, Lothar (1984); Institutional Economics. Old and New. Comment; in Zeitschrift für die gesamte Staatswissenschaft; Band 140; 1984; S. 30-33

Wehler; H. U. (1970); Theorieprobleme der modernen deutschen Wirtschaftsgeschichte (1800-1945); in: Ritter, G. A. (Hg.); Entstehung und Wandel der modernen Gesellschaft; Berlin 1970; S. 66-107

Weippert, G. (1956); Sombart, Werner; in: Handwörterbuch der Sozialwissenschaften; Göttingen 1956; S. 298-305

ders. (1966); Sombarts Verstehenslehre; in: ders.; Sozialwissenschaft und Wirklichkeit; Bd. I; Göttingen 1966; S. 206-222 (zuerst in: Kyklos; Band 15; 1962; S. 183-203)

Williamson, O. E. (1990); Die ökonomischen Institutionen des Kapitalismus. Unternehmen, Märkte, Kooperationen; Tübingen 1990 (zuerst amerik. 1985)

Wischermann, C. (1993); Der Property-Rights-Ansatz und die „neue" Wirtschaftsgeschichte; in: Geschichte und Gesellschaft; Band 19; 1993; S. 239-258

Ziegenfuß, W. (1949); Werner Sombarts Geist, Gesellschaft und Wirtschaft; in: Schmollers Jahrbuch; Band 69/3; 1949; S. 1-26

Ziegler, Dieter (1997); Die Zukunft der Wirtschaftsgeschichte. Versäumnisse und Chancen; in: Geschichte und Gesellschaft; Band 23; 1997; S. 405-422

Notizen

Notizen

Notizen

Notizen